忠臣蔵映画と日本人

〈雪〉と〈桜〉の美学

小松 宰
Osamu Komatsu

森話社

〔装幀写真〕『忠臣蔵』（渡辺邦男監督、一九五八年、©ＫＡＤＯＫＡＷＡ）

忠臣蔵映画と日本人——〈雪〉と〈桜〉の美学

目次

はじめに

忠臣蔵映画との出会い

個人的なことを言えば、少年時代に最も心をときめかして観た映画は、忠臣蔵であった。特に超大作の忠臣蔵には目を見張った。その配役の豪華さ、物語の面白さ、スケールの大きさに圧倒された。総天然色（当時はそう言った）、シネマスコープの画面いっぱいに広がる松之廊下の絢爛華麗な威容にも目を奪われた。昭和三十年代のことである。時あたかも戦後の忠臣蔵映画全盛時代の真っただ中であり、市川右太衛門、長谷川一夫、片岡千恵蔵、松本幸四郎（白鸚）といった風格のある大スターが大石内蔵助役を務める超大作が次々と公開されて鎬《しのぎ》を削っていた。

私は浅野内匠頭の刃傷場面や切腹シーンに思わず息をのみ、赤穂浪士の討ち入り場面には諸手を挙げて拍手喝采を送った。雪降る中を吉良邸へと殺到する赤穂浪士の姿を目にすると、自分の心の中にも勇躍するものを覚えた。

忠臣蔵映画の新作は待ち構えていて必ず初日に観に行き、一度だけでなく、機会あるごとに何度も繰り返し観て飽きることがなかった。

最初はごくごく単純な時代劇ファンとして、忠臣蔵映画の虜《とりこ》になっただけである。しかし、そのうち忠臣蔵映画には理屈のつかないところで日本人の心を奮い立たせる不思議な何かがある、その根源にあるものは一体なんだろう、と考えるようになった。

映画だけでは足りず、忠臣蔵の真正の史実が知りたくて、歴史書を片っ端から買い込んで読み耽るようにもなっていた。

忠臣蔵の何が私を引き付けたのか。忠臣蔵映画の中には一体、何があるというのか。私はその答えを見出したくて、いまこの著作に取り掛かろうとしている。

世界に類を見ない本数と頻度

忠臣蔵映画は戦前から戦後の一時期まで日本の映画界を主導し、常に驚異的な観客動員を果たしてきた。そのため日本の映画会社は、ほとんど毎年のように超大作の忠臣蔵映画を製作して勢威を競い合っていた。

特に戦前においては、超大作の本伝だけでなく、中級・小品の銘々伝や外伝も合わせると年に

七、八本もの忠臣蔵映画が封切られて興行界を賑わすことも決して珍しくはなかった。戦後になってからも銘々伝や外伝も含めれば、少ないときで年に二、三本、多いときは一年間に数本の忠臣蔵映画が封切られて、大いにファンを喜ばせていた。戦前・戦後を合計すると、その数は優に三百本を超すと考えられる。

忠臣蔵のように同一の題材がこれほど多く映画化された例は、他の国ではちょっと例を見ない。たとえばイギリスのシェークスピアの『ハムレット』は非常に多くの作品が作られたといっても、いいところ二十本内外である。ロビン・フッドやエリザベス一世、次いでヘンリー八世とアン・ブーリンを題材にした映画が比較的多いが、それとて何十本もあるわけではない。

アメリカのビリー・ザ・キッドやワイアット・アープを題材にした映画はたしかに多いが、どちらも、たかだか二、三十本である。それにアメリカ人の国民的叙事詩であるはずのアラモ砦の攻防戦やカスター将軍の第七騎兵隊の全滅を描いた作品は意外に少ないし、アメリカ史の一大事件であるはずの南北戦争を真正面から描いた映画も驚くほど少ない。

キリストの受難を中心とした聖書ものの大作映画がひところハリウッドで流行したことがあるが、多くてせいぜい二十本ぐらいのものである。

フランスの伝説の聖女ジャンヌ・ダルクや、それこそ国民的英雄であるナポレオンを描いた映画が果たして何本あるだろうか。

中国の『三国志』や『水滸伝』も繰り返し繰り返し映画化されているが、これも多くて『ハムレット』と同程度であろう。

このように世界中を見渡しても、忠臣蔵のように桁外れの本数を誇る題材は他に見当たらない。その意味では、日本の劇映画百年の歴史を通じて異常とも言える頻度で映画化され続けてきた忠臣蔵映画こそは、世界最大のジャンルであると言って憚《はばか》らない。

忠臣蔵と日本人

忠臣蔵映画は単に数が多いだけではなく、日本映画の歴史の中でも特別な位置を占めている。たとえば新選組や荒木又右衛門、清水次郎長や国定忠治も非常に人気のある時代劇の題材ではあるが、単に人気のある題材ということにとどまる。

しかし、忠臣蔵は違う。忠臣蔵は決して新選組や荒木又右衛門、清水次郎長や国定忠治と同列に論じることはできない。忠臣蔵は戦前・戦後を通じて、あらゆる時代劇の要素を総合した、いわば〈時代劇の中の時代劇〉として常に王座に君臨してきた。

そのため、製作会社がどこであれ、必ずその会社の総力を結集した超大作として作られてきた。忠臣蔵を監督するのはその会社一番のエース監督であり、配役も所属俳優を総動員した、いわゆるオールスター・キャストでなければならない。言うまでもなく主人公の大石内蔵助役は、人気、実力、貫禄を兼ね備えた大物俳優でなくては到底務まらない大役中の大役であった。また、超大

昭和36年、東映『赤穂浪士』の浅野内匠頭（大川橋蔵）㊧と吉良上野介（月形龍之介）

作の忠臣蔵の製作は、その会社の力が最も充実しきったときでなくては叶わず、超大作の忠臣蔵を製作して、その力を内外に誇示するのが当時の映画会社の恒例行事だった。
　けれども、忠臣蔵映画は決して作る側にとってだけ特別な意味があったのではなく、じつは見る側にとっても特別な意味があった。社運を賭けた超大作の忠臣蔵はいつも、最大の客の入りが見込める正月映画として公開されたため、日本人にとって忠臣蔵は長い間、お正月のめでたい期間に家族連れや、友だち同士が誘い合って観に行く一年で一番晴れがましい映画だった。
　忠臣蔵映画の中には、少し古いが、日本人が長らく精神の拠りどころにしてきたものが秘められているように思われる。それは一口で言って、日本人固有の生死の美学といったものである。無論、そうした生死の美学などというものは、安楽で快適な現代生活を送っている現代人にとっては、すでに忘れ去られて久しいものである。しかし、人生のさまざまな局面で、とっくに忘れ去られたはずのものが、私たちを意識下で突き動かしている場合も非常に多く、忠臣蔵はその最も代表的な例であると思われる。

人が忠臣蔵映画に共感するのは、ごくごく端的に言ってしまえば、そこに〝日本人としてのアイデンティティー〟を見出すからではないだろうか。おそらくそのへんに日本人の心の秘密があり、忠臣蔵映画が日本人に対して果たしてきた役割もまたそのあたりにあると考えられる。

本書のテーマは、はっきりしている。忠臣蔵映画は戦前・戦後を通じて（もっとも戦後は幾度も中断と空白の時期を挟みながらも）、なぜ現代まで継承されてきたのか。日本人は結局、忠臣蔵映画を通じて何を描こうとしたのか。そして観客は忠臣蔵映画の何に心を動かされ、何に感激したのか。その由来と本質を明らかにすること。それ以外にはない。その結果として、私たち日本人の思考や行動を規定している精神構造や深層心理の一端に触れることができれば、筆者の目的は半ば達せられたと言える。

第一章　戦前の忠臣蔵映画

幻の『実録忠臣蔵』

忠臣蔵映画の歴史は、〝日本映画の父〟牧野省三によって始まった。

牧野省三は日本映画の最初期である明治末年から大正初年にかけて、旅役者だった尾上松之助を起用して次々と忠臣蔵映画を撮りまくり、その映画は日本中で大人気を博した。大きな目で睨みつけるように見得を切るところから〝目玉の松ちゃん〟と呼ばれた松之助は、またたくまに日本映画界最初のスーパースターとなり、生涯に千本もの映画に出たことはあまりにも有名である。

牧野省三以前に忠臣蔵映画が全くなかったわけではないが、それは『忠臣蔵五段目』といった具合に歌舞伎の舞台をそのまま写した、いわば記録映画のようなものであった。舞台の実写ではなく、劇映画として忠臣蔵映画を作ったのは牧野省三が最初である。

日本映画最初のスター・尾上松之助の大石内蔵助

しかし、省三と松之助が作った忠臣蔵映画は一本としてまともなかたちでは現在に残っていない。こんにち私たちが観ることができる『松之助の忠臣蔵』（明治四十三年～大正六年）という映画は、よく知られているように、省三と松之助が作った何本かの残存フィルムを後につなぎ合わせて一本に再編集したものである。

省三と松之助の忠臣蔵のあと、大正初年から日本が太平洋戦争に突入する昭和十六年までの間に日活、国際活映、松竹キネマ、帝キネ、大都、東宝、興亜映画といった邦画各社が忠臣蔵映画の大作を争って製作し、それらの映画は一部の例外を除いて、ことごとくがヒットした。忠臣蔵は歌舞伎の世界だけでなく、映画の世界でも、作りさえすれば大入り満員間違いなしの〝独参湯《どくじんとう》〟であることを証明したのである。

この間、牧野自身も忠臣蔵映画を作り続け、昭和二年（一九二七）ついに自らの五十歳を記念して、借金ずくめのマキノプロとしては起死回生の超大作『実録忠臣蔵』に取り掛かった。これは映画生活二十年を迎えた省三が「いまだに世に誇れるような作品がないのは恥ずべきこと。今年こそは立派な映画を」と決意して始めた乾坤一擲の勝負作だった。完成の暁には記録的な大ヒットが予想され、省三は私財を投じ、自分のすべてをこの一作に賭けた。

しかし、翌昭和三年の三月、完成したフィルムの編集中に引火して牧野邸が全焼し、フィルムの多くを焼失してしまった。失意の省三は焼け残ったフィルムをつなぎあわせて、恐る恐る『実録忠臣蔵』を封切った。なにしろ多くのフィルムが焼失したのだから画面はつながらず映画の出来は惨憺たるものだった。ところが、開けてびっくり玉手箱。火災に見舞われたということが逆に宣伝になり、焼け残ったフィルムを一目見んものとわんさの客が詰めかけ、日本全国津々浦々で大ヒット。まことに皮肉な結果を招いた。

内匠頭役に執着する片岡千恵蔵

しかし、『実録忠臣蔵』は、ご難続きだった。

省三は、この映画を作る時、当時若手の人気俳優だった片岡千恵蔵に「お前に判官《はんがん》（浅野内匠頭の歌舞伎名）をやらせる」と約束した。内匠頭を演じることは片岡千恵蔵にとって長年の夢であり、彼はただこの役をやりたい一心で映画界に身を投じた男だった。

「ああ、やっと内匠頭がやれる！」千恵蔵は胸を熱くした。

ところが、いざ配役が発表されてみると、内匠頭の名の下に千恵蔵の名前はなく、諸口十九《つづや》という俳優の名があった。憤慨した千恵蔵が「これでは約束が違う」と息せき切って抗議に行くと、

昭和３年、マキノプロの『実録忠臣蔵』で、浅野内匠頭役を射止めたのは諸口十九㊨だった。左は吉良上野介役の市川小文治

省三は「たしかに仮名手本の判官はやらせると言ったが、実説の内匠頭をやらせると言った覚えはない」と苦しい弁解をしたという有名な話がある。

省三が千恵蔵にいったん内匠頭役を約束していながら、なぜ諸口十九に乗り換えたのか。省三はこの件に関しては口を閉ざして語らなかったため、真相は不明である。しかし、よく考えてみると、このとき千恵蔵は人気があるとはいっても、ぽっと出の弱冠二十四歳である。一方、相手の諸口はすでに三十六歳の壮年に達しており、前年独立プロを創立して、その作品をマキノプロが配給したという経緯《いきさつ》もある。省三としても映画製作を続けていく上で、係累のない千恵蔵よりも、一党を率いる諸口を重視せざるを得なかったのかもしれない。

結局、『実録忠臣蔵』では、ラストで赤穂浪士を両国橋から「押し戻す」服部一郎右衛門の役しか貰えなかった千恵蔵は、怒りを含んでマキノプロを脱退した。しかも、それに続いて嵐長三郎（後の寛寿郎）はじめ不平不満をかかえた五十名以上もの俳優が大挙してマキノプロを脱退し、さすがの省三も大打撃を被るのである。

『実録忠臣蔵』は大ヒットしたものの、生涯の大作を不完全なまま世に送り出さざるを得なかった痛恨を抱いて省三は翌昭和四年の夏に急死する。「活界に黒く暗く十八年」これが省三の辞世の句であり、無念と苦闘の色をありありと見る思いがする。

しかし、忠臣蔵映画が牧野省三によって始められ、しかも記念すべき大作『実録忠臣蔵』が不完全なまま終わったことは、その後の忠臣蔵映画の歴史を決定したとも言える。というのは、省三亡きあと、その遺志を継いで忠臣蔵映画を担ったのは、省三の三人の息子、松田定次《さだつぐ》とマキノ雅弘とマキノ光雄であり、池田富保、衣笠貞之助、滝沢英輔ら省三門下の監督であり、阪東妻三郎、月形龍之介、市川右太衛門、片岡千恵蔵、嵐寛寿郎らマキノプロ出身の俳優たちだったからである。

『実録忠臣蔵』では、浅野内匠頭ではなく、脇役の服部一郎右衛門の役しか貰えなかった片岡千恵蔵

戦前の忠臣蔵映画は膨大な数に上り、逐一論じることは到底不可能である。当面は、マキノプロ出身者による忠臣蔵映画に的を絞って見てい

くことにする。

『実録忠臣蔵』から二年後、省三の死から一年後の昭和五年（一九三〇）に、マキノプロ出身の池田富保監督が日活で超大作『元禄快挙大忠臣蔵』を撮った。

このときの内蔵助は大河内伝次郎で、内匠頭は二年前の『実録忠臣蔵』でこの役を外されて無念の涙をのんだ片岡千恵蔵だった。彼にとっては待ちに待った役である。千恵蔵は満身の力を込めてこの役を演じ切り、自分こそは極め付きの内匠頭役者たることを世に示した。

続いて千恵蔵は、伊藤大輔監督の千恵プロ『堀田隼人』（昭和八年）や同監督の日活『忠臣蔵』（昭和九年）でも内匠頭を演じて、内匠頭役者としての地歩を着実に固めていく。

しかし、忘れてならないのは、千恵蔵が自身のプロダクションで作った〈百本記念映画〉に迷わず『浅野内匠頭』（昭和十二年）を選んだことである。普通、忠臣蔵映画の主人公は大石内蔵助で、浅野内匠頭はせいぜい副主人公にすぎない。しかも内匠頭の出番は最初の三十分だけで、あとは切腹して画面から消えてしまう運命にある。しかし、この『浅野内匠頭』の主人公は内匠頭なのだから、最初から最後まで出ずっぱりで、観客の熱い視線を浴びることができる。千恵蔵はどうしても副主人公の内匠頭ではなく、主人公の内匠頭を演じたかったのである。世に忠臣蔵映画は数多いが、内匠頭を主人公にした作品は本当に珍しい。

これは内匠頭役というものに対する千恵蔵の異常なまでの執着と言ってよい。

このあと千恵蔵は、マキノ雅弘・池田富保共同監督の日活『忠臣蔵』（昭和十三年）や、戦中の松田定次監督、嵐寛寿郎主演の大映『高田馬場前後』（昭和十九年）や、戦後の萩原遼監督、東映『赤穂城』『続赤穂城』（昭和二十七年）でも内匠頭を演じて、この役を完全に自分の持ち役にしてしまう。

千恵蔵にここまで執念を燃やさせたものは一体なんだったのか。それはもう、いまさら言うまでもないだろう。

主役選びの失敗

片岡千恵蔵と浅野内匠頭役についてはこれぐらいにして、話をもう一度、『実録忠臣蔵』に戻す。

ありていに言えば『実録忠臣蔵』という映画は、その構想は壮大だが、観ていてどうもいま一つパッとしないものがある。それは多くのフィルムを焼失してしまったことにあるのではなく、私には主役選びの失敗にあるように思えてならない。

『実録忠臣蔵』の内蔵助役は歌舞伎の実川延若《じつかわえんじやく》（二世）と松本幸四郎（七世）と阪東寿三郎（三世）の三人に断られて、やっと新派の伊井蓉峰《ようほう》にお鉢が回って来たという、伊井にとっては甚だ芳しからざる経緯《いきさつ》がある。しかも、風貌や風格の点から言って伊井蓉峰はどう見ても内蔵助の器ではなく、誰が見てもミス・キャストであることは一目瞭然だった。浪士の信望を集める器量

『実録忠臣蔵』で大石内蔵助を演じた伊井蓉峰

人・大石内蔵助といったイメージから余りにもかけ離れすぎているのである。それに新派の俳優でありながら（当時の新派は新しい演劇であった）歌舞伎調のこれ見よがしの演技も大いに気になるところである。

あとで知ったことだが、撮影中も伊井の尊大な態度や勝手な演技が共演者たちの猛反発を買い、それがマキノプロの分裂、脱退騒動にまで発展したと言われている。立花左近との対面シーンでは、歌舞伎でもないのに、突然タッ、タッ、タッと六方を切って周囲を唖然とさせ、「撮り直しましょう」と失笑交じりに言った牧野省三に対して、「同じ芝居を二度は致しません」と断固、拒否したという有名な話がある。カメラというものは恐ろしいもので、そうした伊井の気取りや性格が画面にまともに表れてしまうのである。

主役選びの失敗。それが超大作『実録忠臣蔵』の最大の欠点である。

蘇った衣笠貞之助の『忠臣蔵』

省三門下の衣笠貞之助監督が、松竹の超大作『忠臣蔵』を作ったのは、『実録忠臣蔵』から四年後の昭和七年（一九三二）のことである。忠臣蔵映画初のトーキー作品であり、興行的にも大ヒットした。大衆娯楽に徹し、ベストテンなどとは無縁な忠臣蔵映画としては珍しく、この年の『キネマ旬報』のベストテン三位に選ばれている。

昭和７年、松竹『忠臣蔵』の浅野内匠頭（林長二郎＝後の長谷川一夫）㊧と脇坂淡路守（市川右太衛門）

しかし、この映画のネガフィルムは昭和二十五年の京都下加茂撮影所フィルム倉庫の火災で焼けてしまい、長い間、〈幻の名画〉になっていた。ところが近年になって一本だけ三重県松阪市の映画館主が防空壕で保存していたことが分かり、奇跡的に再上映されたという、いわくつきの作品である。

この映画の興味の焦点は、牧野省三の『実録忠臣蔵』のときは出演を断った阪東寿三郎が内蔵助を演じていることである。そして当時人気絶頂の林長二郎（後の長谷川一夫）が内匠頭と吉田沢右衛門の二役を演じ、マキノプロ出身の市川右太衛門が脇坂淡路守と垣見五郎兵衛（立花左近）の二役を務めるという豪華キャストが目を引く。

岡野金右衛門が大工の娘から吉良邸の絵図面を手に入れ

昭和７年、松竹『忠臣蔵』の吉田沢右衛門（林長二郎＝二役）と八重（田中絹代）

るいわゆる〈恋の絵図面取り〉は有名だが、この映画ではそれに類似した役が林長二郎演じる吉田沢右衛門に振られている。沢右衛門が吉良家の女中・八重（田中絹代）と相思相愛の仲になり、恋と仇討ちの板挟みにあって悩むというお定まりの悲恋物語である。恋する男女の心の機微を描くのは、衣笠の最も得意とするところであり、彼は腕によりをかけてこのエピソードを演出し、林長二郎と田中絹代という人気俳優同士の悲恋物語を観ようと詰めかけた女性ファンの紅涙を絞った。

　鈴木晰也『人生仕方ばなし——衣笠貞之助とその時代』（ワイズ出版、二〇〇一年）によると、衣笠貞之助はこの映画を作るとき、「元禄時代の文化や政治を背景にした歴史悲劇として書いた」かなり野心的なシナリオを松竹の白井松次郎会長に送り、いろいろと援助を得るため相談に行った。

衣笠と白井が話し合っているうちに、「半年後にこれ（『忠臣蔵』）が上映される頃には、世はトーキー時代になっているかも知れぬ。それならいっそトーキーで」という結論になり、白井は「トーキーとして大勝負をうつからにはこのシナリオではアカン、あくまでも講談調、浪曲調でいってくれと繰りかえし衣笠に念を押し」たと言う。

衣笠は白井の要求を容れて、野心的な忠臣蔵は諦めて、講談調・浪曲調を生かした従来通りの忠臣蔵ストーリーに書き直して撮影に入った。が、衣笠はストーリーでは譲ったが、代わりに松之廊下を真上から俯瞰で撮るなど、凝ったショットを挿入することによって自分のスタイルを貫こうとした。

監督が野心作を望み、会社側が従来通りの安全作を望むのはいつの時代でも同じだが、衣笠が最初に書いたシナリオによる「歴史悲劇として」の忠臣蔵をぜひとも観てみたかったと思うのは、私だけだろうか。

親子二代の忠臣蔵

牧野省三の長男マキノ雅弘（正博）は、昭和十三年（一九三八）に日活の大作『忠臣蔵』を池田富保と共同で監督し、忠臣蔵映画の正統の継承者としての名乗りを上げる。これは省三没後十年（実際には九年しか経っていなかったが）を記念して作った忠臣蔵ではあり、マキノ雅弘として

昭和13年、日活の『忠臣蔵』で大石内蔵助を演じた阪東妻三郎

は父親の弔い合戦のつもりだったのであろう。

　この映画は「天の巻・地の巻」の二部構成だったが、マキノ雅弘が監督した「天の巻」の脚本を書いたのは、『実録忠臣蔵』のときも脚本を担当して実績のあるマキノプロ出身の山上伊太郎であった。そして内蔵助役の阪東妻三郎も、内匠頭役の片岡千恵蔵も、脇坂淡路守と清水一角役の嵐寛寿郎も、原惣右衛門と小林平八郎役の月形龍之介も、すべてマキノプロ出身の俳優であり、完全にかつてのマキノプロを再現した配役であった。

　前に述べたように父親の牧野省三は、片岡千恵蔵に「判官（内匠頭）をやらせる」と約束して、約束を果たさなかったが、十年経って今度は息子のマキノ雅弘が、その片岡千恵蔵を内匠頭役に据えて超大作の忠臣蔵映画を撮る。奇しき因縁と言うほかはない。もしかしたら、マキノ雅弘の心のどこかには、父親の罪滅ぼしの気持ちもあったのかもしれない。とにもかくにも忠臣蔵映画の生みの親・牧野省三の没後十年である。しかし、この十年間に千恵蔵はすっかり力をつけ、いまでは押しも押されもせぬ内匠頭役者にのし上がっていた。

そして驚くなかれ、この映画の俳優順位のトップは、内蔵助役の阪東妻三郎ではなく、内匠頭役の片岡千恵蔵だった。

阪東妻三郎は、時に臨んで微動だにしない豪胆な内蔵助を貫禄たっぷりに演じて大変な存在感があった。特に腸《はらわた》から絞り出すような独特な口跡は観客を圧倒した。が、阪東妻三郎が内蔵助を演じたのは、後にも先にもこの一回きりだった。日本の時代劇を代表する大スター阪東妻三郎にして、一生に一回めぐってくるかどうかの大役、それが大石内蔵助役というものだった。

この映画には、上野介に謀られて装束を違えた内匠頭が、急いで烏帽子大紋《えぼしだいもん》に着替えて式場へ向かうが、時すでに遅く儀式は終わっていたというシーンがある。これは他の映画にない設定だった。内匠頭は自分が勅使供応役として陪席するはずだった儀式に間に合わず、すべては水泡に帰してしまったのである。そして茶坊主から、勅使供応役は上野介の命令で代役の人間が務めたと聞かされて、がっくりと肩を落とした内匠頭が悄然と引き返そうとしたときに、松之廊下の向こうに憎々しげな上野介の姿が見え、それから運命の刃傷事件が起こるという趣向である。

この『忠臣蔵』は、生涯に二百六十一本もの映画を撮りまくったマキノ雅弘の作品中でも屈指の傑作となった。

その翌年の昭和十四年（一九三九）には、これまた牧野省三門下の滝沢英輔が山本嘉次郎と共同で監督した東宝の超大作『忠臣蔵』が公開された。

このころ、すっかり内蔵助役者の第一人者となっていた大河内伝次郎が四度目の内蔵助を演じ、そして片岡千恵蔵の向こうを張るもう一人の内匠頭役者・長谷川一夫が二度目の内匠頭を演じているのが、この映画の見どころである。「衣装・セットなどに豪華華麗さが目立った、あかぬけした忠臣蔵」（御園京平氏評）であり、映画もヒットした。昭和七年に創立された東宝が「七年目にして、ようやく超大作の忠臣蔵を作れるようになった」というのが大方の評価であった。

『元禄忠臣蔵』の驚き

溝口健二監督の松竹『元禄忠臣蔵』前篇が封切られたのは昭和十六年（一九四一）十二月一日で、日米開戦のわずか一週間前のことだった。そして後篇が封切られたのは翌年の二月だが、じつはこの前・後篇、なんとも驚くべき作品だった。

その第一は、この映画はお金を湯水のごとく使って作った超大作であるにもかかわらず、なんと忠臣蔵映画の華である討ち入りシーンがなかったこと。

その第二は、ほとんどの場面がワンシーン・ワンカットの実験的な凝視の手法で撮影されていること。

そして第三は、時代劇でありながら剣劇場面というものが一切なく、全編、それも板付きの台詞《せりふ》芝居だけで通されていることだった。

派手な討ち入りシーンのある忠臣蔵映画を観なれてきた観客にとっては、『元禄忠臣蔵』はまさに前代未聞の映画だったのではないだろうか。

まず前篇から見ていくと、冒頭の浅野内匠頭の刃傷シーンからして、甚だ味気ないものだった。内匠頭の刃傷事件には必ずその前段というものがあって、上野介の内匠頭いびりがこれでもかこれでもかと続き、とうとう堪忍袋の緒が切れて殿中で御法度の刀を抜いてしまうというプロセスが、内匠頭の心情に即して語られるというのが大方の忠臣蔵映画の定石である。ところが、この映画ではまるきり違う。

開巻劈頭、カメラはそっくり原寸大に作られた広壮で絢爛豪華な、そして人気《ひとけ》というものが全くない松之廊下をゆっくりと移動していく。この移動撮影はかなり不気味である。それは嵐の前の静けさとか悲劇の予感といったありふれたものではない。建物の巨大な造りと人影のないガランとした印象からくる、もっと直接的な不気味さである。

そして、なによりも不気味なのは、このシーンの耳朶《じだ》を打つような静けさである。

カメラが移動していくと、やっと人声がし、高家の吉良上野介（三桝万豊）が旗本の梶川与惣兵衛（山路義人）に向かって（内匠頭に向かってではない）、何事かを叱責している。

「恐れ多くも御勅使に対して御台所よりお礼言上申し上げられるがごとき大事を、何が故にじきじきこの吉良上野介にお尋ねくださらんか。内匠頭殿になにに分かり申そうぞ」

昭和16年、松竹『元禄忠臣蔵』前篇。原寸大に作られた松之廊下のセットが話題を呼んだ

「ハッ」

「儀式典礼の御職に任ずること四十四年のそれがしを差し置いて、内匠頭殿ごときになぜお尋ねあった」

「ハッ」

上野介の叱責がまだ二言、三言続いて、上野介と与惣兵衛は連れ立つようにしてその場を去っていく。

するとこの様子を、やや離れた場所で聞いていた浅野内匠頭（嵐芳三郎）が、突然立ち上がって上野介に追いすがり、いきなり背後から斬り付ける。カメラはこのとき初めて内匠頭を写すことになる。それ以前は内匠頭がそこにいることさえ、観客は知らされていない。まさに唐突な内匠頭の登場である。

このシーンの直前、つまり上野介が与惣兵衛に内匠頭のことを悪しざまに言っているとき、やや離れたところにいるはずの内匠頭の姿を、溝口はただの一度も写さない。普通なら上野介の言葉を聞いて怒りを漲《みなぎ》らせる内匠頭のカットを一回か二回は挿入するところだが、溝口は意図的にそうしたカットを差し挟まない。

内匠頭の切腹シーンにしてからがそうである。刃傷事件を起こした後、田村家の者に付き添われて切腹の座へと向かう内匠頭の行く手に、家来の片岡源五右衛門が低頭して控えている。検視の役人の許しを得て主従今生の別れに罷り出たのである。しかし、このシーンを溝口は、

「よう訪ねて参った」

「お心静かに」

たったこれだけのまことに素っ気ないやりとりだけで、さっと切り上げてしまう。普通なら、涙をこらえ万感をこめて内匠頭ににじり寄る源五右衛門、わずかに微笑を見せ無言でうなずく内匠頭、互いに見交わす目と目といった具合に、主従対面の場を感動的に盛り上げるところだが、溝口はそうした演出を一切しない。

内匠頭が切腹の座が設《しつら》えられている中庭に入って行き、検視の役人に一礼する。このシーンはロング撮影で、内匠頭の姿はほんの小さくしか見えない。

そして、内匠頭が画面に映るのはここまでである。つまり、内匠頭の切腹シーンは全く描かれない。内匠頭が作法通りに脇腹に短刀を突き立てると（もっとも、大抵はそのことを暗示する間接

的な表現が多いが）、背後に立つ介錯人の大刀が一閃して、桜の花がハラハラと舞うといったおなじみのシーンは、この映画では残念ながらお目にかかれない。

つまり、溝口健二の演出は「忠臣蔵映画の常套は踏まない」「忠臣蔵映画の常套はすべて外す」という一大原則によって貫かれているのである。その結果、見えてくるものは何かというと、理想化、悲劇化された人物像や出来事を排した、客観的な等身大の人物像や出来事である。

内匠頭の刃傷場面は最短時間で済ませ、片岡源五右衛門との対面場面も数秒で済ませ、切腹シーンはカットしてしまう。まるで内匠頭を物語の主要人物として認めず、ほんの点景的な端役としてしか描くまいとでも心に決めているかのような、そんな描き方である。

じつは溝口は、内匠頭の顔すら、正面からまともに写そうとはしない。フルショットで横からだったり、顔も見えないくらいのロング・ショットだったり、とにかく内匠頭というものにカメラを向けようとしない。もしかしたら溝口は、意図的に内匠頭を無視しようとしているのかもしれない。

内匠頭といえば、当時は特別扱いの悲劇の主人公であり、各社切っての美男俳優の役どころである。ところが、『元禄忠臣蔵』で内匠頭を演じているのは恐ろしく地味で目立たない俳優であり、唐突に事件を起こして早々に画面から消えていくだけの役割しか与えられていない。

忠臣蔵映画というものは、なにはともあれ内匠頭に対する哀惜と感情移入によって成立しているのだが、当の溝口にはそれが全くないということ。それが『元禄忠臣蔵』という映画の根本を決定してしまっている。

溝口は現実の父親に対する憎しみから、映画の中でも父親に対する憎しみしか描いてこなかったような男である。内匠頭に対する溝口の心証も、もしかしたらそれに似たものだったのかもしれない。役立たずの父親を持った溝口は、幼いころから人生の辛酸を舐め尽くして生きてきた。一方の内匠頭は幼少のころから家来にかしずかれ、崇め奉られて育ってきた、いわば生まれながらの大名である。溝口にとって、わがままいっぱいの人生を送ってきたに違いない内匠頭など、毛ほども共感の持てない人間だったのではないだろうか。

『元禄忠臣蔵』の尊王思想

『元禄忠臣蔵』を観て改めて驚くのは、その敬虔な尊王思想である。先述したように『元禄忠臣蔵』前・後篇は戦前から戦中にかけて公開された作品だから、その尊王思想は当たり前といえば当たり前であるが、この映画を観て当時の日本人の天皇崇拝を改めて見せつけられたというのが正直な感想である。

赤穂の大石内蔵助（河原崎長十郎）の元へ、刃傷事件を起こした主君・内匠頭が「すでに切腹させられた」との急使が到着する。すると、刃傷事件が起こった日は、ちょうど勅使（天皇のお使い）を迎えての大切な儀式が行われる予定であったことから、内蔵助はまず真っ先に、急使にこう尋ねるのである。

「して、当日のお勅使、ご供応のお儀式はいかがされた？　殿中ご異変のため、お取り延べにでも相成りましたか？」

この台詞《せりふ》からすると、内蔵助は主君が切腹させられたことよりも、大切な儀式が延期にでもなったら、勅使に対して、ひいては天皇に対して大不敬であると、何を措《お》いても、まずはそのことが気がかりだったことになる。

儀式は滞りなく行われたと急使が答えると、内蔵助はほっと安堵の胸を撫で下ろして、

「それは何より有り難いことであった！　有り難いことであった……」

と感激の面持ちで、それからやおら、

「して、吉良殿ご処置は？」

と相手方の上野介についての説明を求めるのである。

つまり、この映画の内蔵助にとっては、主君・内匠頭の最期の模様や、幕府の上野介への処置などよりも、まずは勅使（ひいては天皇）に対して非礼のことはなかったか、それが第一の関心事だったのである。

これには驚いてしまった。こんな忠臣蔵を観るのは初めてである。

しかし、内蔵助の尊王思想はまだある。御家の大変を聞いて京都留守居役の小野寺十内が赤穂に戻ってくると、内蔵助はあいさつもなしに開口一番、

「京都、ご評判は?」

と問いかける。このたびの主君・内匠頭の刃傷事件について、京都方面ではどう取沙汰されているのか。内蔵助はそれが知りたくてたまらないのである。

小野寺は待っていたように、

「内蔵助殿。何よりもまず、殿様ご尊霊にお聞かせ申し、お喜び申し上げたいことがあるのじゃ……」

と前置きして話し出す。小野寺はこのたび勅使として江戸へ下向した柳原権大納言、高野権中納言はじめ公卿方の玄関を訪ね歩き、刃傷事件を起こした内匠頭の不調法を詫びて歩いたと言う。するると意外や、内匠頭の不調法を咎める風もなく、みな一様に、まるで申し合わせでもしたように、

「仇敵吉良上野介を討ち漏らしたること不憫、不憫。家中の心中察し入る」

との言葉が聞けたと言うのである。

「では不調法のお憎しみもなく?」

と驚喜する内蔵助に、さらに小野寺は畳みかけて言う。

「まだあります。内蔵助殿。これは申すも、もったいなきことながら……」

と遥か京都御所のほうを伏し拝み、

「京都御所の内より、『内匠頭、一念達せず不憫なり』とのお噂《うわさ》を漏れ承った者があるのじゃ」

と一気に言ってのける。

つまり、天皇自らが内匠頭の刃傷に対して憐みの言葉を漏らしたというのである。

内蔵助は喜色を満面に浮かべて、この言葉を聞き終わるや、小野寺ともども京都御所の方角に向かって深々と平伏し、頭を畳にこすりつけて感涙の涙にむせぶ。そして、

「このたび内匠頭長矩の不調法、実《じつ》もって軽《かろ》からぬ罪にござりまする。たとえ意趣ありとて、遺恨ありとて、お勅使に対する無礼は無礼。大不敬の罪に問われましても一言も申し開きなき場合。それを京都御禁中より漏れ承るお噂、お築地内《ついじうち》公卿様よりお悔やみのお言葉、これにて内匠頭、救われました……（中略）……救われました。救われました……」

と天皇へのお詫びの言葉を綿々と申し述べ、溝口もまたそれを延々と撮るのである。

いかに戦前の作とはいえ、こうまで見事な天皇崇拝を見せつけられては、言うべき言葉もない。内匠頭の刃傷事件に対しては一片の同情も交えずに描いてみせた溝口が、内蔵助の天皇崇拝に対しては、大真面目な共感を持って描いていることに注目せざるを得ない。溝口は時局柄を考慮してとか、情報局の手前とか、通り一遍の〝お義理〟で、この場面を描いているわけではなく、本心から、実意を込めて描いているのである。

言うまでもなく、これは登場人物・内蔵助の天皇崇拝であり、尊王思想ではあるが、そのまま原作者・真山青果《まやませいか》と監督・溝口健二の天皇崇拝であり、尊王思想と言って差し支えない。

『元禄忠臣蔵』前篇は、既述のように開戦のわずか一週間前に封切られたが、巨費を投じて製

作した超大作でありながら、客席はガラガラだった。「十二月八日前夜の不吉な予感で、大衆は映画どころではなかった」という新藤兼人・建築監督の証言はあるが、それ以上に、この映画は大衆にとってはまことにとっつきにくい、娯楽性に欠けた、ごく普通の意味では楽しく観られるような映画でなかったことだけは確かである。結局、製作費をつぎ込むだけつぎ込んで、ほとんど回収できなかった責任を取らされて、二人の松竹首脳部のクビが飛んだと言われる。

なぜ討ち入りがないのか?

『元禄忠臣蔵』の後篇は翌年の、つまり戦時下の昭和十七年(一九四二)二月に封切られた。この後篇には人気女優の高峰三枝子が男装で出ているというので、前篇よりは幾らか客が入ったが、それでも興行成績としては、まことにお寒いものだった。

この映画を観て、あっと驚くのは、討ち入りの前夜、内蔵助が雪の南部坂で旧主・内匠頭の未亡人・瑤泉院《ようぜいいん》(三浦光子)に別れを告げた後、場面は一挙に飛んで、いきなり泉岳寺に引き揚げてくる赤穂浪士が映し出されることだった。

つまり、この映画には、前にも述べたように討ち入りの場面が全くなかった。なぜ、ないのか、公開当時からさまざまに取沙汰されているが、結論から先に言ってしまうと、溝口は結局、討ち入りシーンを撮る美学を持ち合わせていなかったのである。新藤兼人はこのとき、膨大な予算を

昭和17年、松竹『元禄忠臣蔵』後篇には討ち入り場面がなく、赤穂浪士たちはいきなり泉岳寺に引き揚げてくる

投じて広大な吉良邸のセットを作り上げ、撮影が始まるのをいまや遅しと待ち構えていた。だから溝口は、最初から討ち入りシーンは撮らないと、はっきり宣言していたわけではない。土壇場になって「撮らない」と言い出したのである。

溝口はそれまで庶民女性の不幸な歴史、つまり日本女性哀史を描き続けてきた監督である。簡単に言えば、溝口は女性の不幸を描く美学は持ち合わせていても、武士と武士が命のやり取りをする殺陣《たて》や、殺戮シーンを撮る美学は残念ながら持ち合わせていなかったのである。

だから、溝口が討ち入りシーンを撮らなかったのは、決して戦時一色の時局に抵抗したわけでも、かといって討ち入りのない忠臣蔵を作って世間をあっと言わせてやろうという巨匠の思惑からでもない。ただただ、その表現技術を持ち合わせているか、いないか、の純粋に創作上の理由から撮らなかったにすぎない。けれども、映画全体の統一性という観点から見ると、溝口の判断は決して間違ってはいなかった。全編を沈鬱な対話劇として通してきていながら、最後に派手な殺陣シーンを持ってくると、全体のバランスを著しく損なってしまうからである。

余談だが、溝口はこの二年後に『元禄忠臣蔵』のときと同じ前進座と組んで、剣劇映画『宮本武蔵』にうっかり手を出して惨憺たる失敗を舐《な》めている。

ついに自分のテーマを見いだす

それまで一貫して日本女性の不幸な一生を描いてきた溝口健二は、畢生の大作として『元禄忠臣蔵』を撮っている間じゅう、その中に自分のテーマをどうしても見つけることができなかった。溝口にしてみれば、たとえどれほど手垢の付いた題材であっても、自分がやれば全く新しい内容の作品を作ってみせると絶対的な自信を持って取り組んだ『元禄忠臣蔵』前・後篇ではあった。が、いかにあがいても忠臣蔵はしょせん忠義と仇討ちの物語であり、その中に溝口の監督としてのテーマを注ぎ込むべき場面を見つけることができなかった。そのため溝口は、ワンシーン・ワンカットの撮影法を用いるとか、徹底した対話劇に仕立て上げるといった、主として手法面での冒険によってこの作品を際立たせようとしたことは、前にも述べたとおりである。が、溝口は前・後篇の一番最後に位置するおみのの挿話に至って、やっと自分のテーマを見出すことができた。

それは赤穂浪士たちが、いよいよ切腹と決まったその最後の一日の物語だった。細川家に預けられていた大石内蔵助（河原崎長十郎）たち主だった者十七人は、切腹のお沙汰を間近に控えて、心静かにその刻限を待っている。この上は同志の者たちも、決して見苦しき所業などなく、武士らしく立派に最期を遂げてくれること。一党の頭領として内蔵助が願うことは、もはやその一事を措いてほかにはなかった。そして、そのことがじつは、『元禄忠臣蔵』の最後を締めくくるおみののエピソードの重要なポイントになっているのである。

折も折、内蔵助の元へ見慣れぬ小姓姿の若侍が訪ねてくるが、内蔵助は一目でそれが女性《にょしょう》であることを見抜く。女の名はおみの（高峰三枝子）といい、浪士の一人「磯貝十郎左衛門様に一目会わせてください」と内蔵助に取りすがって言う。

おみのは昨年、磯貝十郎左衛門と祝言の約束をしたが、彼は式の当日、突然姿を消してしまったと言うのである。十郎左衛門はそのころ討ち入りを間近に控えて吉良邸の探索に当たっていたが、独り暮らしでは人目に付くため、どうやらおみのの乙女田《おとめだ》家へ婿入りして身分を偽ろうとしたらしい。おみのの父も十郎左衛門を大層気に入っていたので、彼の婿入りを大いに喜び、盛大な祝言を挙げる準備を整えて式の当日を待っていたと言うのである。おみのは、十郎左衛門に会わせるわけにはいかぬと冷たく突っぱねる内蔵助に、女の執念で、

「それはあまりにも女心を知らぬ、人の心を知らぬむごきお言葉かと存じます。いまの私にはただ一つ、女としても、人としても、知っておきたい一事があるのです。十郎左様のご本心が知りとうございまする」

『元禄忠臣蔵』後篇の大石内蔵助（河原崎長十郎）と小姓姿のおみの（高峰三枝子）

と食い下がる。
おみのは、自分は世を欺く方便のため、ただ利用されただけなのか、それとも十郎左衛門は心ならずも欺くことになってしまったのか、それを知りたいと言うのである。
「おみの殿、内蔵助、改めてお頼みがある。我ら一味四十六人のため、申すも気の毒ながら、生贄《いけにえ》になっては下されませぬか。十郎左とて覚悟

ある侍。いかようなる場合にも、うろたえるとは思いませぬ。が、なにぶんにも年が若い。いま、こなたと出会うて、その言葉など聞いたら、あるいは心中動揺して最後の大事の場合、不覚を取るまいものでもない……」

「それでは武士の名のみが大事、十郎左様の最後のお覚悟だけが大事にて、女の体は一代の恥を受けました上に厭われたものか、または……心の底にでも愛《いと》しがられたかも知らずに、一生苦しい疑いの中にこの世を送らねばなりませぬか」

「十郎左がこなたたち親子を欺いたは悪い。が、時には人間には偽らねばならぬ場合もある。こなたとて出入りのならぬ細川家へあられもない男姿《おとこすがた》して表座敷まで通らるるは、ときにとってこなたには、やむを得ざる偽りでござろう。本日はこれでお帰り下され」

「では方便のためにはいかに人を苦しめても差し支えないと仰せられますか。お頭《かしら》様、お恨みに存じます」

そして次におみのが発する言葉こそ、この挿話の要《かなめ》であり、おみのの女として、人間としての全重量が賭けられていると言ってよい。

「いったんの偽りは、その最後に誠に返せば、偽りは偽りには終わりますまい。男姿に人目をくらますただいまのおみのの偽りは、十郎左様に一目お目にかかれば、必ず誠に返してお目にかけます」

おみのはすでに死を賭している。

「偽りを誠に返す」

「……十郎左様に一目お目にかかれば、必ず誠に返してお目にかけます……」

この言葉は、このあとにくるおみのの行動を予告しており、おみのの健気な覚悟を物語って余りある。

内蔵助は結局、おみのの一念を憐れと思ってか、ついに十郎左衛門（河原崎国太郎）をその場に呼び出す。

しかし、おみのは十郎左衛門が自分の琴の爪をいまも大事に持っていてくれたことを知って万事を察し、それ以上は何も言わずおとなしく引き下がる。そして、さきほど来の言葉を裏付けるように、おみのはその場で男姿から女本来のあでやかな着物に着替えて、われとわが胸を刺し貫いてこと切れる。つまり、おみのの男姿は十郎左に会うための「偽り」であったが、十郎左との対面が叶ったいまは、その「偽りを誠に返すため」女の着物に着替えて自害してみせたのである。

ここが、この物語の急所である。

さらに言えば、十郎左衛門が仇討のための「偽り」を最後の時になって「誠に返してくれた」から、おみのもまた「偽りを誠に返して」命を絶ったのである。

そして、この日、十郎左衛門も内蔵助も幕命により、おみのに遅れること寸刻にして、切腹して相果てるのである。

ここにあるものは、仇討ちを遂げ終えたのちは潔く死ぬことのみを本分とする十郎左衛門や内蔵助ら武士の論理と、死を賭して愛情の確認をしようとするおみのの女の論理との激しいぶつかり合いである。大義と女の恋、偽りと誠が激しく火花を散らす内面のドラマである。それは、これまで溝口が生涯をかけて描き続けてきた、女の不幸と男の身勝手や不実といったテーマとぴったりと重なるものであった。

つまり、『元禄忠臣蔵』前・後篇合わせて四時間近くの大作を撮り続けてきた溝口は、最終エピソードになってやっと自分が心魂を傾けて描くべきテーマを見出すことができたのである。

余談めくが、おみのと十郎左衛門との恋は、講談系の岡野金右衛門の〈恋の絵図面取り〉に最もよく似ている。むしろ、おみのと十郎左衛門の話は、そのヴァリエーションであると言っても差し支えない。しかし、金右衛門と大工の娘の恋に比べて、おみのと十郎左衛門のそれは遥かに深刻で、悲劇的で、最初から死の匂いが立ち込めている。

しかも、「偽り」が「誠」となり、「誠」が「偽り」となるこの逆転関係をドラマの主軸に据えたことによって物語に一段と深みが増した。原作である真山戯曲の尋常一様ならざる妙味である。

第二章　戦後の忠臣蔵映画全盛時代

戦中は鳴りを潜めた忠臣蔵映画

戦後の忠臣蔵映画に入る前に、少し戦中のことを記しておきたい。というのは、太平洋戦争が始まるまでは、頻繁に作られて大人気を博していた忠臣蔵映画が、戦争が始まった途端、ぱたりと製作がやみ、すっかり鳴りを潜めてしまったからである。

開戦翌年の昭和十七年に封切られた忠臣蔵映画は、溝口健二監督の『元禄忠臣蔵』後篇一本きりだった。しかも、これは戦争突入前にすでに撮影に入っていた作品で、この年のうちに企画・製作された忠臣蔵映画は事実上ゼロだったと言ってよい。続く十八年は浪曲を主体とした忠臣蔵が一本だけ。十九年も中山安兵衛を主人公にした銘々伝が一本だけで、本格的な忠臣蔵映画は一本も作られなかった。そして終戦の年・二十年は、とうとう一本も製作されなかった。

忠臣蔵映画は、戦後ＧＨＱによって禁じられた時代劇の製作が解禁されるや、再び華やかに復活したが、なぜ戦時中だけ全く鳴りを潜めてしまったのか。戦時中は映画の製作本数そのものが削減されたとはいっても、最も人気のある忠臣蔵映画が姿を消したのには、何かそれなりの理由があったのではないかと疑ってみたくもなる。

映画ではないが、ここに作家の海音寺潮五郎の証言がある。彼の著書『赤穂義士』（講談社、一九六八年）によると、

「世間の人は、戦争中は『武士道』は大いに賛美され、従って、赤穂義士など大いに認められていたと思っているが、事実は反対であった」

と言うのである。海音寺によると、当時の軍や政府当局は、赤穂の小藩の主君に尽くす赤穂浪士の忠義はしょせん〈小義〉で、日本人の忠義とは、天皇に対する忠義、つまり〈大義〉でなくてはならないとして、忠臣蔵などは真っ先に槍玉に上げられた、と言うのである。

さらに海音寺は、

「戦争中の昭和十八年、ぼくは『サンデー毎日』に『赤穂浪士伝』を連載したが、途中、当局の命令によって執筆を中止せざるを得なかった。編集者が呼び出されて『小義武士道の物語である赤穂浪士伝などをなぜ掲載するのか』と、叱りつけられたのである」

と憤懣やるかたない口吻で語っている。

あくまでも想像の域を出ないが、もしかしたら映画の世界でも、これと似たようなことがあっ

たのかもしれない。

マキノ一家の〝ファミリー・ストーリー〟

日本映画の草創期に牧野省三が始めた忠臣蔵映画は、省三亡き後、池田富保、衣笠貞之助、滝沢英輔といった省三門下の監督たちや、省三の長男のマキノ雅弘監督などによって受け継がれ、出演陣も阪東妻三郎、月形龍之介、市川右太衛門、片岡千恵蔵、嵐寛寿郎と、すべてマキノプロ出身の俳優たちだったということは前にも書いた。その意味では戦前の忠臣蔵映画の歴史は、完全にマキノ一家の〝ファミリー・ストーリー〟であったわけだが、それは戦後においても全く同じだった。

というのは、戦後初の本格的な忠臣蔵映画である昭和二十七年（一九五二）、東映の『赤穂城』『続赤穂城』をプロデュースしたのは、牧野省三の二男・マキノ光雄だったからである。マキノ光雄はさらに『赤穂城』『続赤穂城』の完結編とも言うべき昭和二十八年（一九五三）の『女間者秘聞　赤穂浪士』（佐々木康監督）と、昭和三十一年（一九五六）の超大作『赤穂浪士』（松田定次監督）をも企画して、急速に忠臣蔵映画のプロデューサーとしての風貌を露わにしてくる（が、マキノ光雄は昭和三十二年に急死したため、それ以後も続いた東映の忠臣蔵映画を製作することはできなかった）。

ばかりか、その『赤穂浪士』を監督した松田定次は、何を隠そう省三の庶出の子であった。松田定次は、これに続く昭和三十四年（一九五九）の『忠臣蔵』、昭和三十六年（一九六一）の『赤穂浪士』と東映の全盛期における超大作の忠臣蔵映画三本をすべて監督し、戦後における忠臣蔵映画の第一人者としての地位を確立する。

しかも、そのうちの『忠臣蔵』では、浅野内匠頭に扮した中村錦之助（後の萬屋錦之介）の出演場面だけは、錦之助のたっての希望で、省三の実子で松田定次の弟に当たるマキノ雅弘が監督したことは、よく知られた事実である。

そして、言うまでもなく、これらの東映の忠臣蔵映画の主要配役は、片岡千恵蔵、市川右太衛門、月形龍之介らマキノプロ出身の俳優たちによって占められていた。

要するに、忠臣蔵映画は戦前のみならず、戦後に至っても、まだまだマキノ一家の〝ファミリー・ストーリー〟であり続けていたのである。

忠臣蔵映画の復活

戦後、本格的な忠臣蔵映画の第一声を挙げたのは、〝時代劇王国〟を呼号する東映だった。

戦後間もない時代劇の空白期を脱した復興期に、東映は『赤穂城』『続赤穂城』という二本の本格的な忠臣蔵映画を世に放った。敗戦から七年目の昭和二十七年のことである。

前年の昭和二十六年に時代劇の本数制限が撤廃され、邦画各社は一斉に時代劇の製作に着手していたが、さすがに本格的な大作の忠臣蔵映画にだけは手を出しかねていた。なにしろ、忠臣蔵はGHQによって禁止されていた仇討ちものの最たるものであったから、禁制が解けたとはいっても、各社とも、大作の忠臣蔵映画には、そうおいそれとは手を出せなかったのである。しかし、忠臣蔵大作の復活なくして、なんの時代劇解禁か。ほんの一年前に発足したばかりの新参会社だった東映は、時代劇に血路を開こうと勇を鼓して本格的な忠臣蔵映画の製作に踏み切った。

『赤穂城』『続赤穂城』の主な配役は、浅野内匠頭・大石内蔵助（片岡千恵蔵、二役）、瑤泉院（山田五十鈴）、大石りく（木暮実千代）、片岡源五右衛門（月形龍之介）、吉良上野介（薄田《すすきだ》研二）、不破数右衛門（大友柳太朗）、堀部安兵衛（河津清三郎）などだが、大石主税《ちから》役で長門裕之が沢村アキオの名で、その弟・吉千代役で当時まだ年少だった津川雅彦が沢村正彦の名で出演しているので、ご覧になるときは、ぜひご注目を。

『赤穂城』『続赤穂城』の特徴は、いかにも戦後民主主義、平和主義を強調した感じの「元禄十四年、五代将軍・綱吉の時代であります……」といった「です、ます」調のナレーションに端的に表れている。東映時代劇にしてはチャンバラがほとんどなく、他の映画ではあまり描かれることのない藩札《はんさつ》交換を大きく取り上げた点などに新味が感じられた。赤穂藩がお取り潰しになった場合、一番困るのは藩札を持っている領民たちであるため、何は措いても藩札をお金に換えてやる大石内蔵助を描くことで、民主主義的な生活重視の視点を打ち出そうとしたのである。

『女間者秘聞　赤穂浪士』（昭和28年、東映）の一場面。右から大石内蔵助（片岡千恵蔵）、妻りく（木暮実千代）、嫡男・主税（沢村アキオ＝長門裕之）

全体に武士道、仇討ち中心の忠臣蔵ではなく、お取り潰しになった浅野家再興に腐心する内蔵助の苦衷を描くことに主眼が置かれた内容だった。特に城受け取りの検視役に内蔵助が浅野家再興を執拗に嘆願するシーンには、静かではあるが異常な熱気がこもっていた。

刃傷事件を起こしてしまった主君・内匠頭の心中を慮って内蔵助が言う台詞《せりふ》の中に「……耐え難きを耐え、忍び難きを忍び……」という終戦の玉音放送とそっくりの文言があり、敗戦というものがまだまだ生々しい昨日の出来事だった時代の空気を感じさせる。

当時は、映画の中の浅野家の断絶と一家離散が、戦争の惨禍と一家離散の記憶とどこかで不可避的にクロスしてしまう、そんな時代状況だったと考えられる。

ただ、大石内蔵助と領民の信頼関係を強調するあまり、藩札交換のために下賜された金子《きんす》を、領民たちが「その残りです。皆様のお役に立てて」と返還に訪れ、内蔵助も感激の涙を流すラストシーンは、安っぽい大衆迎合で感心しなかった。

『赤穂城』は大ヒットし、続く『続赤穂城』も大入りに沸いたが、観客は肩透かしを食ったような感じだった。映画のお終いまで観ても、肝心の討ち入りのシーンがなかったからである。

『赤穂城』『続赤穂城』は、講和条約の発効後、つまり忠臣蔵映画解禁後の封切りとはいえ、まだおっかなびっくりの製作であり、アメリカに対する遠慮があったのである。しかし、討ち入りは忠臣蔵の華であり、討ち入りなくして、なんの忠臣蔵映画か。東映はよほど残念だったと見えて、翌昭和二十八年に、ほとんど同じスタッフ・キャストで『女間者秘聞　赤穂浪士』（佐々木康監督）を作って討ち入りを付け加えた。このへんに忠臣蔵というものに対する当時の映画人の特別な思い入れと執念のようなものが感じられる。

『赤穂城』『続赤穂城』、そしてそれに続く『女間者秘聞　赤穂浪士』は、このあと邦画各社がそれぞれ総力を結集して作ったようなオールスター・キャストによる超大作ではなかったが、ともかくも、この三本連打によって、戦後の本格的な忠臣蔵映画の幕は切って落とされたのである。

この三本の上映時間を合計すると五時間十二分となり、数多《あまた》ある忠臣蔵映画の中でも最長を誇る。

ちなみに新進東映は、『赤穂城』公開後の、昭和二十七年五月の配給収入で、東宝、新東宝を抜き、松竹、大映に次ぐ第三位に躍進。四年後の昭和三十一年（一九五六）には、ついに配給収入の首位に躍り出るが、これはすべて東映お得意の忠臣蔵映画を中心とした娯楽時代劇の圧倒的な興行成績によるものだった。

二役は是か非か

ところで、『赤穂城』『続赤穂城』の配役は浅野内匠頭と大石内蔵助を片岡千恵蔵が一人で演じてしまうという大変欲張ったものだった。千恵蔵にしてみれば、内匠頭は戦前からの自分の持ち役で、これは絶対余人には渡したくなかったのであろう。

が、じつは彼はこのときすでに四十九歳で、内匠頭を演じるには少し年を取り過ぎている。むしろ内蔵助にふさわしい年齢に達していたが、残念ながら、彼はまだ一度も内蔵助を演じたことがなかった。そのため内匠頭と内蔵助の二役を兼ねることになったのであろうが、これは非常に珍しいことである。

日本映画の草創期に尾上松之助が内匠頭と内蔵助を二役で演じたことがあるが、じつは松之助はこの二役だけをやったのではなく、その上、吉良家勇士・清水一角にまで扮するという多役ぶりだった。忠臣蔵映画の歴史を振り返ってみても、一本の映画の中で数人の人気俳優が二役以上を兼ねるのが通例だった戦前の無声映画時代ならばいざ知らず、ある程度リアルな演技が要求されるトーキー以後では、内匠頭と内蔵助を一人で演じた例は、『赤穂城』『続赤穂城』の片岡千恵蔵以外には見当たらない。

戦後初のオールスター忠臣蔵

東映の『赤穂城』『続赤穂城』『女間者秘聞　赤穂浪士』までが、戦後における忠臣蔵映画の復興期と言ってよいだろう。

戦後の日本映画界にオールスター・キャストによる超大作の忠臣蔵映画が登場するのは、戦後時代劇が全盛期に入った昭和二十九年（一九五四）からである。この年から八年後の昭和三十七年（一九六二）までの八年間に、文字通り邦画各社が社運を賭けた超大作の忠臣蔵映画がなんと、

昭和二十九年（一九五四）松竹『忠臣蔵』　大曽根辰夫監督　松本幸四郎（白鸚）主演
昭和三十一年（一九五六）東映『赤穂浪士』　松田定次監督　市川右太衛門主演
昭和三十二年（一九五七）松竹『大忠臣蔵』　大曽根辰保監督　市川猿之助（初世猿翁）主演
昭和三十三年（一九五八）大映『忠臣蔵』　渡辺邦男監督　長谷川一夫主演
昭和三十四年（一九五九）東映『忠臣蔵』　松田定次監督　片岡千恵蔵主演
昭和三十六年（一九六一）東映『赤穂浪士』　松田定次監督　片岡千恵蔵主演
昭和三十七年（一九六二）東宝『忠臣蔵』　稲垣浩監督　松本幸四郎（白鸚）主演

と七本も作られている。つまり、この時期は毎年のようにどこかの映画会社が、必ずと言ってよいほど超大作の忠臣蔵を作っていたことになる。そして忠臣蔵映画に対して、これまで言葉のあやで「社運を賭けた」と称してきたが、実際には「社運を賭ける」必要などはなかった。それこそ「作れば当たる忠臣蔵」で、ことごとくが驚異的なヒットを飛ばしていたのである。

どんな作品があるか、順に見ていく。

まず、昭和二十九年、松竹、大曽根辰夫監督、松本幸四郎（白鸚）主演の『忠臣蔵』は、刃傷事件から討ち入り、そして泉岳寺引き揚げまでの赤穂浪士の行動を、抑制のきいたリアリズム演出で謳い上げた傑作だった。赤穂浪士の行動を単なる仇討ちだけではなく、腐敗した幕府政治に対する抗議行動と解釈したのが新機軸だった。以後、戦後の忠臣蔵映画は大体、この線に沿って作られることになった。

主な配役は、大石内蔵助（松本幸四郎＝白鸚）、浅野内匠頭（高田浩吉）、毛利小平太（鶴田浩二）、吉良上野介（滝沢修）、大石りく（山田五十鈴）、瑤泉院（月丘夢路）、浮橋太夫（淡島千景）、大石主税（田浦正巳）、岡野金右衛門（北上弥太郎）、吉良の女中つや（嵯峨三智子）、堀部安兵衛（近衛十四郎）、多門伝八郎（高橋貞二）などである。

この映画の高田浩吉の浅野内匠頭は一般的にはあまり評価されていない。戦後の超大作で内匠頭を演じた東千代之介（当時二十九歳）、市川雷蔵（二十六歳）、中村錦之助（二十六歳）、大川橋蔵（三十一歳）といった若くて颯爽とした俳優たちに比べると、だいぶ薹《とう》が立ち過ぎているから

昭和29年、松竹『忠臣蔵』の浅野内匠頭（高田浩吉）㊨と吉良上野介（滝沢修）

であろう。高田浩吉はこのときすでに四十二歳になっていて、内匠頭役者に必要な若さや瑞々しさはもうない。しかし、その代わりにというか、年を取っている分、いくぶん哀れっぽくもあり、神経症的な、いかにも刃傷事件を引き起こしてしまいそうな内匠頭という意味では特筆されてよいのではないか。

特に吉良上野介の意地悪にあって、勅使供応役をうまく務められず、切羽詰まった感じがよく出ている。反対に他の映画の内匠頭はあまりにも理想的な二枚目が演じるものだから、颯爽とした印象はあっても、本当に切羽詰まった様子は感じられない場合も多い。その点、高田浩吉の内匠頭は常にピリピリしていて、精神状態がいかにも不安定そうに見える。癇癪を起こしたときの声の震えとか、いまにも爆発しそうな苛々した様子が真に迫っている。

実際の内匠頭は持病を患っていて、刃傷当日は、だいぶ神経症的になっていたらしいので、この演じ方は、そうした方面での史実には符合しているわけである。上野介から受けた恥辱が悔しくて、夢にまでうなされて、夜中にびっしょり汗をかいて跳ね起きるシーンもある。つまり、この映画における内匠頭の精神状態は相当危険なところまで進んでおり、これならば殿中で激発して刃傷事件に走っても、なんの不思議もないだろうと人を納得させるものがある。そういった意味で、ストレスの塊のような高田浩吉の内匠頭は、一定の評価を受けてもよいように思う。

毛利小平太の悲劇

この映画の見どころは、歌舞伎界の大立者・松本幸四郎（白鸚）が内蔵助を演じ、新劇界の重鎮・滝沢修が上野介を演じていることであろう。幸四郎の内蔵助は、温和で思慮深く、人格高潔で、滲み出るような人間味が持ち味である。

一方の滝沢修の上野介は、骨の髄まで憎々しく、権力者の後ろ盾を笠に着た、嫌みたっぷりな徹底した敵役ぶりが見ものだった。以後、幸四郎は片岡千恵蔵と並ぶ戦後の代表的な内蔵助役者となり、滝沢修は月形龍之介と並んで戦後を代表する上野介役者となった。

しかし、この映画の中で最も強烈な印象を残したのは、鶴田浩二が演じた脱落浪士・毛利小平太の悲劇であり、その描き方であった。

毛利小平太は赤穂浪士の中でも急進派である。頭領の大石内蔵助がどうしても討ち入りに踏み切らないなら、「自分一人でも吉良邸に斬り込む」と息巻くほどの強硬派である。

小平太は赤穂以来、別れ別れになっていた恋人しの（桂木洋子）と江戸で図らずも再会し、一緒に暮らすようになる。二人の暮らしは破れ長屋での極貧の日々である。しのは労咳《ろうがい》を病んでいて、それがいつしか小平太にも移り、ついに小平太自身、病床に臥《ふ》す身となってしまう。貧困と度重なる討ち入りの延期で小平太の心はすさみ切っている。病気のため、討ち入りに加わることもできず、このまま朽ち果ててしまうのではないか、という不安と焦燥に苦しめられている。そこへ同志の一人が、

「いよいよ今夜、討ち入りだぞ」

と知らせに来る。

「よぉし！」

小平太は狂喜して長屋を飛び出そうとするが、その途端、大量に喀血して、その場に蹲《うずくま》ってしまう。それでも刀を杖に必死に立ち上がろうとする、あまりにも痛ましい小平太を見かねて、それまでは従順な女だったしのも、ついに声を荒げて叫んでしまう。

「あなたは、この体でも行かなくてはならないのですか！」

「わしは、わしは裏切り者にはなりたくない」

昭和29年、松竹『忠臣蔵』の毛利小平太（鶴田浩二）と、しの（桂木洋子）

「小平太さま、あなたはこれでも不忠者になるんでしょうか。裏切り者になるんでございましょうか！」

「しの、どうせ長くないわしの命だ。せめて討ち入りをさせて、小平太を死なせてくれ。裏切り者の汚名だけは……」

血を吐くように言って、小平太はまた咳き込む。

「しの、わしは行く。命のある限り行く」

小平太は決然と言い放ち、よろけながら、しかし狂気のごとく雪の戸外へ飛び出して行く。

そしてやっと吉良屋敷の塀の外までたどり着くが、そこで一歩も動けなくなってしまう。小平太は絶望して、思わず天を振り仰ぐ。この絶望の形相が凄い。目はカッと見開いているが、ほとんど虚ろである。もう意識は朦朧としている。小平太の痩せた体を貫いている執念だけが、彼をそこに立たせているようだ。

私はこの映画を最初に観たとき、人間の絶望というものが、これほど深いものか、と子供心にも身震いするような衝撃を受けた。小平太はそこで力尽き、ついに倒れてしまう。小平太が息絶えた後、カメラがパンすると、そこからすぐ近くの吉良邸の門から、仇討ち本懐を遂げた赤穂浪士たちが意気揚々と引き揚げて来る。しかし、小平太の亡骸《なきがら》には誰ひとり気づかずに通り過ぎて行ってしまう。この悲しさ。哀れさ。無情さ。まさに胸を締め付けられるような場面だった。このシーンによって、この映画は永遠に忠臣蔵映画史上に刻印されるに違いない。

表向きのテーマである赤穂浪士の堂々たる討ち入りと、毛利小平太の凄惨な悲劇を同等に描くことによって、この映画は戦後の新しい忠臣蔵映画になり得たような気がする。そして、なんといっても小平太を演じた鶴田浩二が絶品だった。当時まだ、甘っちょろい二枚目だった鶴田が、初めて演技らしい演技を見せた作品だった。

鶴田浩二が一時期、自分は特攻隊の生き残りだと言い張っていたことはよく知られている。あとで特攻隊員ではなく、整備員だったということが分かったが、ここで言いたいのはそのことではない。問題は鶴田が特攻隊を自認し、演技を通じて、あるいは演技を超えて、特攻隊員の決意や心意気や死にゆく姿を後世に伝えようとしたことである。そして、その特攻隊の生き残りの雰囲気を、私はこの映画の毛利小平太に感じる。鶴田も、いかなる犠牲を払っても討ち入りに加わろうとした毛利小平太の心情に、自分がかつて共鳴し、憧れもした特攻隊員の心情や死にゆく姿を重ね合わせて演じたのではないだろうか。このときの鶴田には、そうした演技を超えた必死さ、凄まじさが感じられた。

この映画の毛利小平太の人物像とその悲劇的な最期は、二十四年後の昭和五十三年（一九七八）、東映、深作欣二監督の『赤穂城断絶』で貧苦と自虐の果てに凄惨な最期を遂げる脱落浪士・橋本平左衛門（近藤正臣）の人物像に大きな影響を与えたが、それはまた、そのとき論じる。

大石内蔵助 対 柳沢出羽守

この作品のもう一つの特徴は、赤穂浪士の討ち入りを、討つ側の大石内蔵助と権力者の沽券《こけん》にかけてもそれを阻止しようとする柳沢出羽守（柳永二郎）との知恵比べとして描いていることだった。

大石内蔵助の動向が油断のならぬものと見て取った出羽守は、ご機嫌伺いに参上した吉良上野介に向かって、

「どうやらこれはわしと大石との相撲になりそうじゃ」

と自信たっぷりに言う。権力の座に長くある者の余裕とでも言うか、まるで内蔵助との知謀戦を楽しんでいるかのような口ぶりである。

しかし、それから数か月経って、家来から赤穂浪士が吉良邸に討ち入って上野介の首級《しるし》を挙げたとの報告を受けた出羽守は、

「……して、庶民の声はどうだった？」

と民衆の反応を真っ先に聞く。出羽守は権勢並ぶなき政権担当者ではあるが、民衆の声のまた侮りがたいことをよく知っている現実政治家でもあるのだ。

江戸の庶民は大石内蔵助たち赤穂浪士のことを、

「赤穂義士！　忠臣義士！」

と盛んに褒めそやしていると家来が伝えると、出羽守は、

「……義士か。……大石は、明らかにご政道への反抗だ。だが、庶民は大石の腹の中も分からず、彼らを天下一の忠臣義士と祭り上げてしまうであろう」

とうそぶいて、苦笑いを浮かべ、

「これはわしの黒星……」

と潔く自分の敗北を認める。出羽守のような成り上がりの、従って彼の失脚を願う政敵も多い老獪な政治家にとって、自分の「黒星」をいち早く認めて今後に対処することもまた保身につながる処世術なのであろう。

映画全体としても、村上元三、依田義賢、大曽根辰夫の三人による脚本が抜群の出来映えで、ほぼ完璧に近い完成度と言ってよい。加えて、ドラマ作りの基本をきっちりと押さえた大曽根辰夫の演出も手堅く、底力があり、三時間九分の長時間を決して飽きさせない。大曽根辰夫の作品の中でも、前年の『花の生涯』と並んで頂点を成すものと言ってよいだろう。

数ある忠臣蔵映画の中でも、まずは最高の部類に属する作品と称して差し支えない。

忠臣蔵映画初のカラー作品

続く昭和三十一年（一九五六）、東映、松田定次監督、市川右太衛門主演の『赤穂浪士』は、大佛《おさらぎ》次郎の名高い原作を新藤兼人の脚本により映画化した異色作であった。

原作は、虚無的な浪人・堀田隼人や、怪盗・蜘蛛の陣十郎といった架空の人物を登場させて、従来の忠義一辺倒の忠臣蔵とは一線を画し、新たな庶民的な視点を導入することに成功した傑作として知られる。映画もいわゆる東映調の派手な討ち入り映画ではなく、人間模様を描くことに重点を置いた、格調の高い、非常に内容の濃い作品に仕上がっていた。これは忠臣蔵映画、初のカラー作品であったが、カラー技術は非常に高く、渋くて落ち着いた味わい深い色彩だった。「東映創立五周年」を記念した文字通りの超大作である。

主な配役は、大石内蔵助（市川右太衛門）、立花左近（片岡千恵蔵）、浅野内匠頭（東千代之介）、堀田隼人（大友柳太朗）、吉良上野介（月形龍之介）、千坂兵部《ちさかひょうぶ》（小杉勇）、小山田庄左衛門（中村錦之助＝後の萬屋錦之介）、蜘蛛の陣十郎（進藤英太郎）、大石りく（三浦光子）、大石主税（伏見扇太郎）、堀部安兵衛（堀雄二）、お仙（高千穂ひづる）などである。

この映画の興味の焦点は、なんといっても市川右太衛門の大石内蔵助である。

何度も言うが、東映における右太衛門のライバルである片岡千恵蔵はすでに『赤穂城』『続赤穂城』『女間者秘聞　赤穂浪士』三部作で大石内蔵助を演じており、この右太衛門の『赤穂浪士』を挟んで、昭和三十四年の『忠臣蔵』でも、さらにまた昭和三十六年の『赤穂浪士』でも内蔵助を演じて、極め付きの内蔵助役者としての地位を不動のものとしている。

要するに昭和三十一年のこの『赤穂浪士』は、右太衛門にとっては、千恵蔵に独占されていた内蔵助役が、唯一、自分に回って来た千載一遇のチャンスと言ってよい。

一般的には千恵蔵と右太衛門は全く同格のライバル同士だったと信じられているが、実際はそうではなかった。いまも述べたように、東映の主な忠臣蔵六本のうち、千恵蔵が内蔵助を演じた作品は五本もあるのに、右太衛門はたった一本だけであり、これだけでも東映内における両雄の地位の差は歴然としている。

昭和31年、東映『赤穂浪士』の堀田隼人（大友柳太朗）

それに全部で十一本ある東映のオールスター映画の主演本数も、千恵蔵が六本、右太衛門が三本、月形龍之介が二本と、これも完全に千恵蔵がリードしている。オールスター映画での主演回数は、そのまま東映内における俳優としてのランクをはっきりと示すものである。

しかも、右太衛門が主演したこの『赤穂浪

士』の俳優順位ですら、トップは右太衛門ではなく、ほぼ一場面しか出番のない立花左近役の千恵蔵のほうだった。これはたとえ右太衛門の主演作ではあっても、名前の順序では千恵蔵に花を持たせるという東映の配慮によるものである。

表向きは二大巨頭と言われていながら、千恵蔵と右太衛門の力関係は、実際はこのようなものであった。

話が横道にそれた。話題を内蔵助役の問題に戻すと、千恵蔵の内蔵助は、いかなることがあっても微動だにしない盤石型のそれである。事に臨んで不安や、動揺や、迷いなどは微塵もない完全無欠の英雄である。

これに対して右太衛門が演じた内蔵助は反対に、人間的な迷いも、不安も、弱さもある生身の人間だった。

こんなシーンがある。主君・内匠頭が殿中において吉良上野介に刃傷に及んだという書状を、内蔵助が読み始めたときのことである。あまりの衝撃に内蔵助は一瞬、くらくらっと目まいを起こしたまま、しばらくは書状を読み続けることができなくなってしまう。内蔵助はようやく気を取り戻して書状を読み続けるが、その面上には、驚き、うろたえ、悲しみといった表情がありありと浮かび、彼が陥った心の動揺が手に取るように分かる。これが右太衛門が演じた内蔵助であり、千恵蔵をはじめとした冷静沈着な英雄型の内蔵助には決して見られないものだった。

もう一つ。それは立花左近の名を騙って江戸へ下る途中、突然、本物の左近の訪問を受けたときの内蔵助の演じ方である。色めき立つ同志の者たちを抑えて、内蔵助は努めて平静を装って左近と対面する。ここまでは、従来の忠臣蔵と同じである。しかし、右太衛門はここで平静を装ってはいても、内蔵助の内心に起こる不安や動揺を余すところなく演じて見せたのである。

昭和 31 年、東映『赤穂浪士』。大石内蔵助（市川右太衛門）㊧と立花左近（片岡千恵蔵）の対決場面

千恵蔵型の内蔵助だと、こうした場合でも、びくともしない態度で、逆に相手こそ偽物であろうと反撃に出るのが通例である。しかし、それはいわれのない自信であり、むしろ不自然と言うべきではないだろうか。右太衛門が演じた内蔵助のほうが、より人間の真実に近いように思える。人間的な弱さをさらけ出すことによって生まれる物語の説得力とリアリティー。血もあり、涙もある右太衛門の内蔵助像を、私は断然支持したい。

内蔵助が、吉良邸に討ち入って命を捨てることについて、自分ら年配者はともかく、若い将来のある息子の主税までそれに巻き込んでよいものか、と悩むところなどにも目新しさがあった。

また、原作の堀田隼人は、『大菩薩峠』の机龍之助

昭和31年、東映『赤穂浪士』の堀田隼人（大友柳太朗）とお仙（高千穂ひづる）

のように辻斬りまでして暗黒の淵をさまよう不可解なニヒリストとして描かれているが、映画では千坂兵部の密偵として赤穂浪士の討ち入りを突き止めていながら、土壇場で気が変わって、討ち入りを見逃してやる、という役どころに書き換えられていた。この暗鬱な役を、大友柳太朗がひたすら無表情に演じて、好演だった。

この大友の堀田隼人と好一対を成すのが進藤英太郎の蜘蛛の陣十郎である。大友があくまでも自嘲的で虚無的な隼人を、動き少なく無言で演じれば、進藤はいかにも太っ腹で、ドスの利いた怪盗ぶりを精力的、行動的に演じて、まさに好対照だった。

たった一つ、残念だったのは、赤穂浪士の討ち入り後、生きる目的を失った堀田隼人は同じ千坂兵部の女間者お仙と心中してしまうのだが、映画では、そこまでに至る経緯が描かれていず、やや唐突な感じがすることであった。おそらく、編集の段階でカットされたものと思われる。

ともあれ、この『赤穂浪士』は戦後の忠臣蔵映画では三指に入る傑作であった。

「錦ちゃん、しっかりして！」

この映画には、小山田庄左衛門という脱落浪士が登場する。その庄左衛門を演じたのは、当時ピカ一の二枚目だった中村錦之助だが、じつはこれには、ちょっとした逸話がある。

錦之助演じる庄左衛門は、同じ長屋に住むさち（田代百合子）という武家娘と相思相愛の仲になる。討ち入りの日、庄左衛門は自分の素性をさちに明かして別れを告げ、浪士たちの元へ駆け付けようとする。

しかし、父を亡くして、いまは彼以外この世に頼る者とてないさちは、必死に庄左衛門に取りすがって離れようとしない。心優しい庄左衛門は、さちが哀れで行くに行けなくなってしまう。画面では、華々しく吉良邸に討ち入る赤穂浪士たちの姿と、さちとひしと抱き合ったまま煩悶する庄左衛門の姿がカットバックされる。

すると、客席から、スクリーンの錦之助に向って、

「錦ちゃん、しっかりして！」

「お願い、討ち入りに加わって！」

と少女ファンたちの叱咤が飛んだのである。これは私が観た映画館だけでなく、全国の映画館で同じようなことが起こったらしい。

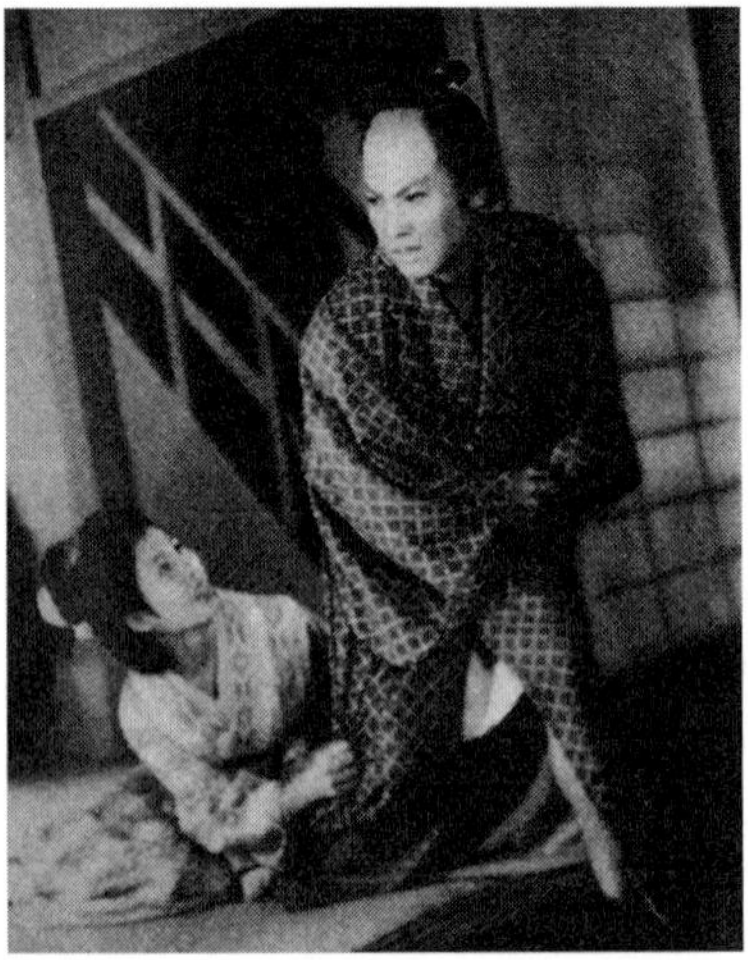
昭和31年、東映『赤穂浪士』の小山田庄左衛門（中村錦之助）とさち（田代百合子）

当時、少女ファンたちにとって、錦之助は『笛吹童子』や『紅孔雀』や『里見八犬伝』の強く正しい青年剣士であり、憧れと崇拝の対象だったのである。それが女と抱き合ってメソメソして、討ち入りにも加わらない。勇気のある男ならば討ち入りに加わって当然と固く信じて疑わない少女ファンたちにとって、錦之助の脱落は信じ難い背信であり、醜態だったのである。

映画館主たちからも、「錦之助にあんな役はもうやらせないでくれ。ファンの信頼を壊すようなことはやめてほしい」と東映に苦情が殺到したとか。

映画と現実を混同するほどに、映画がまだ〝神話〟だった時代の笑うに笑えない逸話である。

あまりにも歌舞伎調で……

昭和三十二年（一九五七）、松竹、大曽根辰保監督、市川猿之助（初世猿翁）主演の『大忠臣

蔵』は、歌舞伎の『仮名手本忠臣蔵』の戦後唯一の映画化作品という意味では貴重なものであったが、あまりにも歌舞伎調の愁嘆場が多く、映画としての面白味にはいま一つ欠けていた。

主な配役は、大石内蔵助（市川猿之助＝初世猿翁）、お石＝大石りく（初世水谷八重子）、早野勘平（高田浩吉）、お軽（高千穂ひづる）、あぐり＝瑤泉院（有馬稲子）、大石主税（市川団子＝二世猿翁）、小浪（嵯峨三智子）、加古川本蔵（坂東蓑助＝八世三津五郎）、戸無瀬（山田五十鈴）、寺岡平右衛門（近衛十四郎）、矢頭右衛門七（市川染五郎＝現・松本幸四郎）、立花左近（松本幸四郎＝白鸚）などであるが、この映画の浅野内匠頭（北上弥太朗）と吉良上野介（石黒達也）は、登場場面が極端に少なく全くの端役だった。上野介に至ってはろくに台詞《せりふ》もなかったような気がする。

三年前の同じ松竹の『忠臣蔵』のときは冴えに冴えていた大曽根辰保の演出も、井手雅人の脚本が『仮名手本忠臣蔵』のダイジェストでしかないため、力の発揮しようがなく、終始、凡庸の域を出なかった。

たとえば、お軽勘平の悲劇とか、『仮名手本忠臣蔵』の一部分を映画に取り入れて描くという方法はあり得るだろうが、そもそも『仮名手本忠臣蔵』をそのまま映画化するという発想に無理があったのではないか。

それから、赤穂浪士と戦って傷ついた吉良家の勇士・清水一角（大木実）が、秘密の通路を隠した床の間の掛軸をバッサリと切って落とし、赤穂浪士に、

「この抜け穴を真っすぐに出られるがよい」

とあっさり吉良の居場所を教えてしまうシーンがあるが、いくらなんでも、これは行き過ぎではないだろうか。討とうとするのも武士道なら、討たせまいとするのもまた武士道であった当時の常識に照らして、これは絶対にあり得ない行動と言わなくてはならない。

肩の凝らない娯楽大作

昭和三十三年（一九五八）、大映、渡辺邦男監督、長谷川一夫主演の『忠臣蔵』は、大衆的な講談・浪曲ネタをふんだんに盛り込んだ最も通俗的な、肩の凝らない娯楽大作であった。

主な配役は、大石内蔵助（長谷川一夫）、浅野内匠頭（市川雷蔵）、岡野金右衛門（鶴田浩二）、赤垣源蔵（勝新太郎）、多門伝八郎（黒川弥太郎）、吉良上野介（滝沢修）、大石りく（淡島千景）、大石主税（川口浩）、瑤泉院（山本富士子）、間者おるい（京マチ子）、大工の娘お鈴（若尾文子）、浮橋太夫（木暮実千代）、脇坂淡路守（菅原謙二）などである。

この『忠臣蔵』は、なんといっても、戦前は内匠頭役者として知られ、戦後もずっと二枚目俳優としてその名声を恣《ほしいまま》にしてきた長谷川一夫が、初めて立役《たちやく》・大石内蔵助に挑んだ作品として記憶される。この映画の配役発表当時は、

「あの艶っぽい色ごとを得意としてきた長谷川一夫に、果たして立役の内蔵助役が務まるものなのか」

と随分驚かれもし、危ぶまれもした。しかし、長谷川一夫はあでやかで柔和な感じと豪胆さを併せ持つ内蔵助を立派に演じ切って、映画を成功に導いた。そして、これ以後、長谷川一夫は、『命を賭ける男』の幡随院長兵衛、『日蓮と蒙古大襲来』の日蓮、『伊賀の水月』の荒木又右衛門と急速に男っぽく骨太な立役を演じるようになっていくのである。

『忠臣蔵』は興行的にも大ヒットして、大映の経営危機を救った。

市川雷蔵の浅野内匠頭は、清廉潔白で颯爽とした美丈夫ぶりと瑞々しい清潔感が印象的だった。戦後ではまず一、二を争う内匠頭役者と称して異論ないだろう。

甘い恋の口説《くぜつ》で娘心をとろかす鶴田浩二の岡野金右衛門は、妙な褒め方だが、そのプレイボーイ的な風姿において、どの映画の金右衛門よりもぴったりの適役であった。その金右衛門を一途に愛するお鈴役の若尾文子も、初々しく可憐な魅力を発散していた。

昭和33年、大映『忠臣蔵』の大石内蔵助（長谷川一夫）

　鶴田浩二は四年前の松竹『忠臣蔵』のときは、脱落浪士の毛利小平太役だったため、残念な

昭和33年、大映『忠臣蔵』の岡野金右衛門（鶴田浩二）と大工の娘お鈴（若尾文子）

がら討ち入りシーンの撮影には加われなかった。彼はせっかく忠臣蔵映画に出演していながら、晴れの討ち入りに加われなかったのが、よほど悔しかったらしい。しかし、四年後のこの映画では、鶴田も赤穂浪士お揃いの火事装束に身を固めて、めでたく吉良邸討ち入り。吉良家随一の剣客・清水一角（田崎潤）と一騎討ちの末、見事これを討ち果たすという奮戦ぶりをファンに見せることができた。

撮影を終えたあと、鶴田はある映画雑誌のインタビューに答えて、

「これで私もやっと〝仇討ち本懐〟を遂げることができましたよ！」

と喜色満面に語った。

内匠頭の未亡人・瑤泉院の出番は、雪の南部坂の別れまでと相場は決まっているが、この映画では仇討ち本懐を遂げて引き揚げ途中の赤穂浪士の前にまで駆け付けて来る。内蔵助はじめ浪士の面々は、ハッと驚いて旧主の奥方に一礼して通り過ぎて行くが、瑤泉院は雪の上にひざまずいて、浪士の後ろ姿に深々と頭を下げる。

討ち入りの前夜、内蔵助が暇乞《いとまご》いに訪れたとき、瑤泉院は、

「殿のお恨みを晴らす心はないと申すのか。ないか！　ないか！」

と内蔵助の本心がわからずに強くなじってしまったので、そのことを詫びたのである。これは当時スターだった山本富士子が強く望んだものなのか、とにかく他の映画にはない、ちょっと珍しいシーンだった。

昭和33年、大映『忠臣蔵』の瑤泉院（山本富士子）㊨と石田局（三益愛子）

幕府に対する謀反

昭和三十四年（一九五九）、東映、松田定次監督、片岡千恵蔵主演『忠臣蔵』は、広く人口《じんこう》に膾炙《かいしゃ》したオーソドックスな忠臣蔵物語を正攻法でがっちりと作り上げた力作である。東映時代劇の最盛期を飾る絢爛豪華な一作でもある。

主な配役は、大石内蔵助（片岡千恵蔵）、浅野内匠頭（中村錦之助）、岡野金右衛門（大川橋蔵）、その許嫁《いいなずけ》たか（美空ひばり）、岡島八十右衛門（東千代之介）、堀部安兵衛（大友柳太朗）、吉良上野介（進藤英太郎）、大石りく

昭和 34 年、東映『忠臣蔵』の大石内蔵助（片岡千恵蔵）

（木暮実千代）、大石主税（北大路欣也）、瑤泉院（大川恵子）、脇坂淡路守（市川右太衛門）などである。

　この映画は三時間三分の大作であるが、浅野内匠頭が勅使供応役を拝命してから刃傷事件を起こして切腹させられるまでが、物語に切実さがあって一番面白い。特に進物の軽重に端を発した内匠頭と上野介との心理的、感情的な対立が微に入り細を穿って描かれていて、非常に見応えがあった。

　中村錦之助は、まだ大人になり切らない幼く未熟な内匠頭を演じて好演だったたし、片岡千恵蔵の内蔵助は、片手落ちの幕府のお裁きに対する〈憤怒〉の演技に力点を置いた演じ方で、ズシリと重みがあった。

　大川橋蔵の岡野金右衛門は、前年の大映の鶴田浩二のそれとは打って変わった謹厳実直、品行方正な好青年だった。おまけに、美空ひばり演じる赤穂藩士の娘たかと許嫁同士という設定になっているため、岡野金右衛門の代名詞とも言える〈恋の絵図面取り〉のエピソードが全く省かれてしまっていた。しかし、恋と仇討ちの板挟みに悩む〈絵図面取り〉のエピソードあっての岡野金右衛門ではないだろうか。それを省いてしまうなら、はじめから橋蔵の役名を岡野金右衛門にする必要はなかったのではないか。すべては吉良邸に間者として潜入した美空ひばりに〈絵図面取り〉をはじめ、多くの手柄を立てさせるための改変のような気がする。

赤穂浪士は通常、吉良を討ち取った後、その場を去らず勝鬨《かちどき》を挙げるのが習わしだが、この映画では違っていた。勝鬨はその場では挙げず、江戸城が見える永代橋まで引き揚げてきて、内蔵助の片岡千恵蔵があの独特な目つきで、権力の象徴である江戸城をギロリと睨み返し、それから一同打ち揃って勝鬨を三唱するといった凝ったことをやってのけた。公儀を相手に一歩も引かぬ反骨の気概を示したかったのである。そういえば、この映画では内蔵助の行動を一貫して幕府への謀反として位置付けているのが特徴だった。

内蔵助と千坂兵部の対決

昭和三十六年(一九六一)、東映、松田定次監督、片岡千恵蔵主演『赤穂浪士』は、「創立十周年記念」として作られた超大作であり、五年前の「五周年記念」のときと同じ大佛次郎原作による映画化である。

ただ、脚本の小国英雄が原作を大胆に改変して、自分独自の物語に作り替えてしまった。その

昭和36年、東映『赤穂浪士』の浅野内匠頭（大川橋蔵）㊧と脇坂淡路守（中村錦之助）

結果、原作にない面白さが加わった部分と、原作の面白さを殺してしまった部分の両方があり、さしずめ原作改変の功罪は相半ばするといったところか。

主な配役は、大石内蔵助（片岡千恵蔵）、千坂兵部（市川右太衛門）、浅野内匠頭（大川橋蔵）、吉良上野介（月形龍之介）、脇坂淡路守（中村錦之助）、堀部安兵衛（東千代之介）、堀田隼人（大友柳太朗）、清水一角（近衛十四郎）、立花左近（大河内伝次郎）、大石りく（花柳小菊）、大石主税（松方弘樹）、瑤泉院（大川恵子）、お仙（丘さとみ）などである。

序盤の大川橋蔵演じる浅野内匠頭と中村錦之助演じる脇坂淡路守との友情を描いた部分が非常に印象的である。勅使供応役の任に当たって、吉良上野介の悪意をかわしきれず、心身疲労ぎみの内匠頭を、親友の淡路守がなにかと励ましてやり、内匠頭も日頃の気鬱から解放されて、楽しいひとときを過ごす。このシーンが、悲劇のオンパレードである忠臣蔵物語の中で、唯一ほっとできる一服の清涼剤となっている。逆に言えば、このシーンの内匠頭の心楽しげな面影が私たちの記憶に残るため、そのあとにくる内匠頭の刃傷事件と切腹が、余計に痛ましく感じられるのである。豪放磊落な錦之助の淡路守と、おとなしくやや神経質な橋蔵の内匠頭が好対照で、ドラマに陰影を添えていた。

そして中盤以降は、浅野家の上席家老・大石内蔵助と上杉家の上席家老・千坂兵部の友情と対決の物語となり、それがこの映画の本筋である。

殿中刃傷事件が起こったあと、普通はその悲報を受け取った赤穂の内蔵助が映し出されるのが定石である。が、この映画では赤穂よりも、まず凶報がもたらされた米沢・上杉家の千坂兵部のほうが先に映し出されるのには本当に驚いた。忠臣蔵映画多しといえども、米沢の模様が描かれるのは、私の知る限り初めてである。

この映画では、内蔵助と兵部は共に、軍学者・山鹿素行《やまがそこう》門下の俊英で、無二の親友同士だったという設定になっている。これは事実ではないが、内蔵助と兵部の関係をよりドラマチックに、宿命的なものにするための設定である。兵部が仕える上杉家は、吉良上野介の実子・綱憲《つなのり》（里見浩太郎）を養子に迎えて、当代の当主と仰いでいる。刃傷事件によって浅野家が取り潰しとなった場合、傑物・大石内蔵助を頭領に頂く赤穂浪人たちが、上野介の首級を狙うことにでもなれば、内蔵助と兵部はまさに敵同士となってしまう。咄嗟《とっさ》に兵部はそう判断する。

やがてそれは現実のものとなり、物語は仇討ちを決行しようとする内蔵助と、それを阻止しようとする兵部との真っ向対決となっていく。が、この映画では討ち入る内蔵助の苦衷よりも、どちらかといえば、それを阻止しようとする兵部の苦衷のほうに切実さがあって真底、共感してしまう。

この映画の白眉は、言うまでもなく内蔵助と兵部の対決場面である。そしてその対決場面は、内蔵助と立花左近との対面の場のすぐ後に設定されているから驚く。

普通は東海道の宿場での内蔵助と立花左近との対面は、相手が大石内蔵助であることを見破った左近が、情けある武士の度量を見せて、「いや、手前こそ偽物でござる」とおとなしく引き下がることによって幕となる。ところが、この映画ではそれで終わらないのである。左近が立ち去った後、ほっとする暇もなく、そこへ千坂兵部が駆けつけて来て、二人とも廊下で棒立ちになったままの対面となるのである。

双方とも無言である。内蔵助も何も言わなければ、兵部もまた何も言おうとしない。お互いに、ただ、じっと相手を見詰めているだけである。二人の間に堪えがたい懐旧の情が去来し、一瞬、対決の空気がほぐれる。しかし、やがて兵部の面中に「情に負けてはならぬ！　相手を憎まなければ！」という激しい敵愾心が頭をもたげてくる。そして、自分を駆り立て、満身に敵意を漲らせて内蔵助を睨みつける。が、かつては無二の親友だった男を、到底、憎み切ることはできないと悟って、兵部は黙って立ち去る。

無言のうちにこれだけの内面のドラマが進行する。まさに無言こそは、いかなる雄弁にも増し

昭和36年、東映『赤穂浪士』の大石内蔵助（片岡千恵蔵）㊨と千坂兵部（市川右太衛門）の対決場面

て雄弁であることを見せてくれた二分数十秒であった。この場面、終始、兵部の右太衛門の演技は激情、噴出する「突っ込み」であり、内蔵助の千恵蔵は、あくまでも静かな「受け」の演技であった。

　これは役の上のことでもあったが、右太衛門と千恵蔵という二人の役者の持ち味そのものが、もろに激突した場面と言えるだろう。

　この無言の対決に比べれば、その前に行われた立花左近との対面も、型通りの予定調和的な芝居に見えて、色あせてしまうほどである。究極のドラマとは、言葉が終わったところから始まる。

　この両雄の対面シーンは、翌年の池上金男脚本、工藤栄一監督の『十三人の刺客』の島田新左衛門（片岡千恵蔵）と鬼頭半兵衛（内田良平）の対面シーンとして再現されることをご存じだろうか。こちらのほうも、新左衛門と半兵衛は、そっくりそのまま同門の親友同士という設定になっており、二人の対決が必至となったとき、半兵衛が敵陣である新左衛門の役宅に遮二無二乗り込んで来て対面するのだが、ここには明らかに前年の『赤穂浪士』における対面シーンの影響が見られる。

さらにもう一つだけ言えば、この『赤穂浪士』における内蔵助と千坂兵部の対面シーンは、五年前の『赤穂浪士』における大石内蔵助（市川右太衛門）と立花左近（片岡千恵蔵）の対面シーンの完全なリフレインと言ってよい。右太衛門と千恵蔵の目と目の演技によって演じられたこの対面シーンこそ、数ある内蔵助と左近の対面シーンの中でも最も味わい深く、緊迫感に満ちたものだった。

忠臣蔵映画の中の千坂兵部

忠臣蔵映画に千坂兵部が登場するようになったのは、昭和三年に刊行された大佛次郎の『赤穂浪士』がきっかけとなっている。大佛が『赤穂浪士』で千坂兵部を内蔵助に劣らぬ知謀の人物として大きく取り上げ、物語の中で内蔵助と対決させたため、その影響で映画でも千坂兵部を内蔵助の好敵手として登場させることが多くなったのである。

しかし、それでは映画の中で、両者が全く同格の扱いで登場するかと言うと、必ずしもそうではない。やはり、内蔵助が主で、兵部は脇役というのが相場であり、内蔵助の動向を注視する上杉方の策謀家という以上の資格で登場することはなかった。

昭和三十一年、東映の『赤穂浪士』における千坂兵部（小杉勇）のように、内蔵助と一騎討ちの知略をめぐらせる重要な登場人物として取り上げられることは極めて稀だった。この作品では、なんといっても小杉勇の渋い、しみじみとした、腸《はらわた》に沁みとおるような物言いをする千坂兵部が絶品だった。小杉勇は戦前の昭和十三年、日活、阪東妻三郎が大石内蔵助を演じた『忠臣蔵』でも、千坂兵部を務めているから、一種の当たり役と言ってよい。ただ、この『忠臣蔵』は完全なかたちでは残っていない。千坂兵部はタイトルでは重要人物の扱いをされているが、現存するフィルムでは極めて出番が少なく、非常に残念である。

千坂兵部の格をさらに上げて、兵部が主役の内蔵助と真っ向から張り合う、もう一人の主人公という資格で登場するのは、昭和三十六年の東映『赤穂浪士』が最初で最後である。しかも、演じる俳優が東映の両御大と奉られる片岡千恵蔵と市川右太衛門なのだから、両者の貫禄は完全に釣り合うわけである。

それにしても、丸々と太って、健康そのもののよ

昭和31年、東映『赤穂浪士』の千坂兵部（小杉勇）と兵部の女間者・お仙（高千穂ひづる）

うなあの体型の市川右太衛門が、病身の千坂兵部をミス・キャストと知りつつも大熱演した演技力は、まさに敢闘賞ものであった。

残念な隼人と陣十郎の改悪

昭和三十六年、東映の『赤穂浪士』の最大の長所は、原作の設定を忠実に踏襲して、赤穂浪士の討ち入りを、大石内蔵助と千坂兵部との一騎討ちとして描いた点であると述べた。

しかし、反対に、この作品の最大の欠点は、虚無的な浪人・堀田隼人（大友柳太朗）と怪盗・蜘蛛の陣十郎（多々良純）の設定を原作とは全く変えてしまったことだった。

原作の堀田隼人は、大石内蔵助とは縁もゆかりもない世をすねた素浪人なのに、この映画では内蔵助の甥で最初から赤穂浪士の味方として描かれている。内蔵助が上杉の刺客十数人に襲われたとき、横合いから面体を隠した隼人が飛び出してきて瞬く間に刺客たちを叩き伏せてしまうといった、いかにも東映調なシーンまである。

しかし、隼人が最初から赤穂浪士の味方ということになってしまうと、隼人が本来持っている自由な批判精神や、世をすねたニヒリズムや、武士道というものに対する懐疑といったものがあらかた薄められてしまい、隼人の存在の根拠そのものが失われはしまいか。

蜘蛛の陣十郎も原作では世の裏街道を行く大盗賊で、ふてぶてしい反骨精神の持ち主である。

そして世間知らずの隼人にとっては、人生の教師と言ってもよい側面もあった。

ところが、この映画では陣十郎は大盗賊どころか、佐吉という名のただの小者で、昔は隼人の父の若党だったというのである。役どころも、隼人の従者としてお供をして歩くだけで、格別な働きをするわけでもない。つまり、反権力の盗賊・蜘蛛の陣十郎は、この映画には事実上、登場しないことになってしまう。

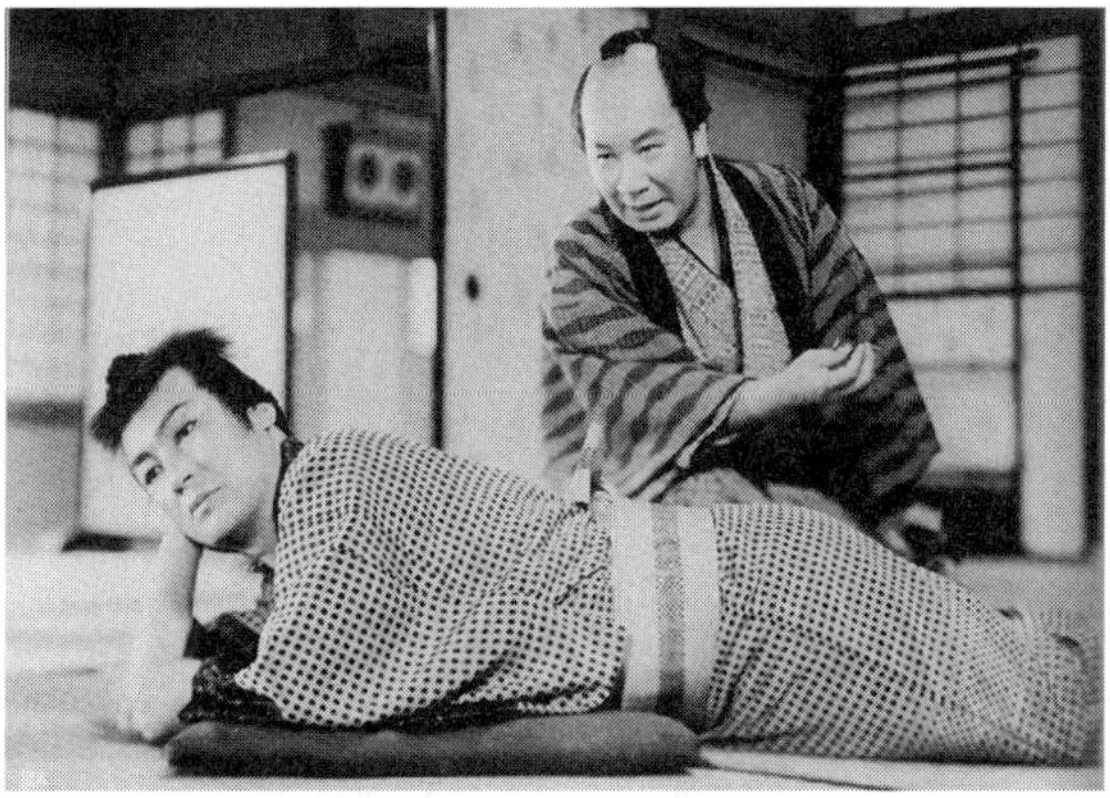

昭和31年、東映『赤穂浪士』の堀田隼人（大友柳太朗）㊧と蜘蛛の陣十郎（進藤英太郎）

原作『赤穂浪士』の面白さの源泉である二人の主要人物の設定を全く変えて、その魅力を奪ってしまったことが、この映画の最大の欠点である。

同じ原作による五年前の昭和三十一年の『赤穂浪士』では、原作通り堀田隼人（このときも大友柳太朗）と蜘蛛の陣十郎（進藤英太郎）を主要人物として登場させて成功していただけに、これは大変悔やまれる改悪である。

全盛期最後の超大作

昭和三十七年（一九六二）、東宝、八住利雄脚本、稲垣浩監督、松本幸四郎（白鸚）主演の『忠臣蔵』は、戦後の忠臣蔵映画全盛時代の最後を飾る作品である。

「東宝創立三十周年記念」と銘打たれたこの作品は、東宝が昭和十四年の『忠臣蔵』以来、じつに二十三年ぶりに総力を結集して作った忠臣蔵超大作でもある。

稲垣監督は、この『忠臣蔵』を作るに当たって、講談や浪曲などの俗説を侮らず、歌舞伎の幻想を捨てず、さりとて真説も無視せず、忠臣蔵を全く知らない若者にも理解・納得がいく作品を作りたいと、その製作意図に述べている。

いわば通説と新解釈との再統一であるが、その意図は十分に達せられたと言ってよい。刃傷事件や赤穂開城、義士銘々伝や脱落浪士の事情、討ち入りなど伝統的な物語の中に適度な現代的な動機を盛り込んだ忠臣蔵が出来上がった。

それに、なんといっても、この映画は視覚面での素晴らしさが群を抜いている。美術やセットや衣装はまさに豪華の一語に尽きる。室内装飾、襖《ふすま》、屏風《びょうぶ》、衝立《ついたて》、家具調度品、そして着物の柄などの美しさに目を奪われる。

主な配役は、大石内蔵助（松本幸四郎＝白鸚）、俵星玄蕃《げんば》（三船敏郎）、浅野内匠頭（加山雄三）、

昭和37年、東宝『忠臣蔵』の大石内蔵助（松本幸四郎＝白鸚）㊧と吉良上野介（八世市川中車）

瑤泉院（司葉子）、吉良上野介（八世市川中車）、堀部安兵衛（三橋達也）、大石りく（原節子）、大石主税（市川団子＝二世猿翁）、矢頭右衛門七（市川染五郎＝現・松本幸四郎）、萱野三平（中村萬之助＝現・中村吉右衛門）、高田郡兵衛（宝田明）、おふみ（池内淳子）、岡野金右衛門（夏木陽介）、おつや（星由里子）などである。

この映画は他の映画と際立って変わっているわけではない。かなり常套的な物語を踏んでいるのである。にもかかわらず、この映画がとにかく面白く、説得力があるのは、随所に散見されるいわゆる新解釈が、〈いきなりの新解釈〉や〈丸ごとの新解釈〉ではなく、最初にも述べたように旧来の物語やエピソードを十分に尊重した上での、その解釈として差し出される〈幾分かの新解釈〉であるためであろう。

萱野三平が乗った早駕籠が赤穂へ向かう途中、老婆を突き飛ばしてしまい、老婆は即死する。これは江戸時代における交通事故と言ってよい。しかし、そのため三平は、老婆の遺児・貝塚三郎次（船戸順）に敵《かたき》として付け狙われる羽目になる。三平は三郎次に潔く討たれてやる覚悟を決め、内蔵助に事情を話して仇討ちの同志から外してもらう。ところが、三平は三郎次との立ち合いの夜、自ら腹かっさばいて果ててしまう。

このシーンを見てみよう。決闘の約束の時刻に、三郎次が助太刀の者たちを連れ、抜刀して三平の居室に忍び寄ると、障子に三平の影だけ映っている。

三郎次がその影に向かって、

「三平、約束の時刻だぞ。出合え！」

と声をかけると、その影が突然前に突っ伏し、バシッと障子に真っ赤な血が飛び散る。三平は三郎次に討たれてやるのではなく、自決する道を選んだのである。

三平はなぜ三郎次に討たれてやるのではなく、自決したのか。これはなかなか微妙な問題である。三郎次と尋常の勝負をするとは約束したものの、むざむざと討たれるのは、なんとも業腹《ごうはら》だったのかもしれない。ゆめゆめ三郎次ごときに後れを取るとは思えぬ武士の意気地もある。それに三郎次と尋常の勝負をすると約束したため、悲願の吉良邸討ち入りに加われぬ仕儀に立ち至ってしまった無念さもある。討ち入りの一挙に加われぬことは、三平にとっては死にも勝る痛恨事であった。そうした無念さ、痛恨も加わっての三平のぎりぎりの選択、それが自決だったのではないか。

もう一人。討ち入りの夜の寺坂吉右衛門（加東大介）の脱落も、胸が痛むようなエピソードである。寺坂吉右衛門は足軽で、赤穂浪士の中では最下級の身分である。病気で臥《ふ》せっていた吉右衛門は、討ち入りの刻限に遅れまいと高熱を冒して雪の夜道を急ぐが、とうとう倒れてしまう。そこへぐでんぐでんに酔っぱらった二人連れの町人が通りかかり、そのうちの一人が、

「おい、どうしたんだい？」

と覗き込むと、吉右衛門はいきなり町人にしがみつき、

「頼む。約束の刻限に行かねば、身分卑しき者は、やはり心も卑しい、逐電したかと言われる。それが悔しい」

と訴える。

「なにを言ってやがんでぇ、この野郎」

町人はろれつもよく回らなくなっている。

「頼む、知らせてくれ。知らせてくれ。吉右衛門は病気のため、病気のため……」

「どこへ行って、誰に知らせるんだい？」

「どこへ？」と問い返されて吉右衛門は、はたと口が詰まってしまう。

「それは言えん！　それは言えんのだ！」

吉右衛門はまるで腸《はらわた》が引きちぎられるような悲痛な声で、そう叫ぶ。今夜のことは、なにびとにも口外してはならないのである。

「ちぇっ、この野郎も酔っぱらっていやがるんだ。冗談じゃねぇや。さあ、行こう、行こう」

二人の町人は千鳥足で去っていく。

吉右衛門は雪道を這《は》って行こうとするが、ついに力尽きてその場に息絶える。

このエピソードのさわりは、言うまでもなく吉右衛門が酔っぱらいの町人に「知らせてくれ」と頼んでいながら、町人に「どこへ行って、誰に知らせるんだ」と問い返されると、今度は「それは言えん」と口が詰まってしまう、この矛盾である。この矛盾こそ、この夜、吉右衛門が陥った苦しみなのだった。

「約束の刻限に行かねば、身分卑しき者は、やはり心も卑しい、逐電したかと言われる。それが悔しい」

この言葉からは下級武士にしか分からぬ悲しみと怨念が感じられて痛ましい。

この映画に出てくるエピソードは、みなこのように少しずつ新解釈が施されているのが特徴である。

討ち入りの夜の心理的動揺

そして、討ち入りの夜の赤穂浪士たちの心の動揺を描いた場面などに、他の映画にはない独創性が見られた。この夜、赤穂浪士たちは蕎麦《そば》屋の二階に三十九人集まったところで、来る者の足

がパタリと途絶えてしまう。焦燥に駆られた浪士の一人が、思わず、

「まだ来ない者の誰かが、吉良方に買収されるか、金に目が眩んで、しかるべき筋に密告したとしたら……」

と口走ってしまう。もし、そんなことが起こったら、たちまち幕府の役人がこの場に踏み込んで来て一網打尽にされてしまう。浪士たちの心の中に、そんな不安と疑惑が広がる。

なおも、遅参者たちを非難しようとする浪士を、一党の副将格の吉田忠左衛門（河津清三郎）がたしなめる。

「今夜、ここに集まる約束をした人たちは、長い間、同じ苦しみに耐え、同じ悲しみを分かち合い、そして大義のため最後まで残った同志たちだ。その人たちさえ疑わなければならないのか。それはあまりに浅ましすぎる。疑うのは、約束を守ってここへ来てしまったことを後悔するのと紙一重の気持ちだ」

浪士たちはその言葉に説得されて、まだ姿を見せぬ同志を静かに待つ。

すると誰か投げ文をして逃げて行った者がある。投げ文は、ここには顔を見せていない四人の同志の脱退届けだった。

さすがに浪士たちの間に沈黙が流れる。

「四人一緒だから勇気が出たのであろうな」

温和な大高源五（小泉博）がポツリと言う。

「勇気だと？　命が惜しくなった卑怯な奴。なにが勇気だ！」

といきり立つ者がある。

「いや、一つの勇気だ。その人たちも、この手紙をよこすまで、どんなに苦しんだことか……」

大高源五は敢然と言い放つ。

「脱退を届けてきたのはまだいい。それもできず、ここへも来ない人たちこそ、どんなに苦しんでいることか……」

と、また別のところから溜息交じりの声が上がる。

こういった場面は他の忠臣蔵映画にはなく、稲垣版の独創である。忠臣蔵を単なる仇討ち物語に終わらせない人間洞察の深さが感じられて、私は好きだ。

また、加山雄三が演じた浅野内匠頭は若く向こう気も強く、吉良に対してたびたび反抗的な態度すら見せるふてぶてしさもあって、それなりの新鮮味があった。

それは、たとえば次のような場面である。内匠頭は、勅使が到着したとき、自分は式台の上で迎えるべきか、それとも式台の下にさがって迎えるべきか、吉良上野介に教えを乞うが、上野介は例によって意地悪くそれを教示せず、内匠頭は大変困惑する。ここまではよくあるシーンである。

しかし、このことで内匠頭に同情的な脇坂淡路守（小林桂樹）が彼に、

「大礼の儀式に、本役であるそこもとの失態は、指南役たる吉良の恥にもなることです。その場になって教えぬはずがありません。そのときあわてず、うろめかずにされること……」

とそっと耳打ちする。
内匠頭は淡路守の好意に感謝し、勅使を迎えるに当たって、指南役である上野介の目の前に、つまり式台の上にでんと腰を据える。内匠頭の相役である伊達左京亮《さきょうのすけ》は所定の下座に控えているのだから、内匠頭も当然、下座に着席しなければならないのである。これを見た上野介はあわてて、

「浅野さま！　お席が違う。お席が！」

と注意するが、内匠頭はそしらぬ顔でその場を動かない。そうしている間にも勅使が歩一歩と玄関に近づいてくる。上野介は動転して、

「早く、早く、下座へ！」

と必死に促すが、内匠頭は聞く風もない。
勅使はいよいよ目の前に迫って、

「早く、下座へ！　伊達さまの前へ！」

すっかり色を失った上野介が悲鳴を上げんばかりに言うと、内匠頭はやっと下座に降りて、涼しい顔で勅使を迎える。
こういったシーンは、いつも内匠頭が上野介に

昭和37年、東宝『忠臣蔵』。加山雄三の浅野内匠頭。手前は八世市川中車の吉良上野介

いびられているシーンばかり見せつけられている観客にとって非常に新鮮であり、溜飲の下がるものでもあった。加山雄三は普通の意味では内匠頭には不似合いだが、こうした反抗的な態度やしぐさには適していて、案外、役にはまっていた。

一方の市川中車（八世）は、好色で欲深で陰険な吉良上野介を巧みに演じて、上野介役者としての一角を築いた。

東宝は女優が多いせいもあって、この『忠臣蔵』には、萱野三平（中村萬之助）とお軽（団令子）、岡野金右衛門（夏木陽介）とおつや（星由里子）、高田郡兵衛（宝田明）とおふみ（池内淳子）の悲恋など、男女の恋愛模様が多く登場する。

岡野金右衛門が大工の妹（時には娘）おつやの恋心を利用して吉良邸の絵図面を手に入れる、いわゆる〈恋の絵図面取り〉はもう、どの忠臣蔵でもお馴染みのエピソードだが、稲垣監督は特に金右衛門を慕うおつやの恋心に寄り添って情感たっぷりに描いている。そして莫連女《ばくれんおんな》おふみとの深間《ふかま》にはまって苦しむ高田郡兵衛のエピソードもまた、ひとしおの思い入れを込めて描かれている。

討ち入りの夜、郡兵衛は「お前にだけは嘘を言いたくなかった」とおふみに自分の素性を打ち明け、仲間との約束で刻限が来たら行かねばならぬ、と告げる。

「最後の別れだ。笑って見送ってくれ」

「お酒飲もう。まだ間があるの？」

「大丈夫だ。だが、仲間との約束の時刻が来たら俺を行かしてくれよ。なっ、きっと行かしてくれよ」

「分かっているよ……」

とおふみも、いったんは健気な覚悟を見せて言う。

ところが、約束の刻限が来て、

「俺は行くぞ」

と郡兵衛が行きかけると、おふみの態度は豹変する。

昭和37年、東宝『忠臣蔵』の高田郡兵衛（宝田明）とおふみ（池内淳子）

「あんたが行ったら訴えてやる」

「なに？」

「あんたが行ったら訴えてやる！　今夜、赤穂浪人が吉良さまの屋敷に討ち入るって」

おふみは打って変わって強硬な態度を取る。

「あたしを殺してから行くがいい。それとも武士を捨てる？　あたしを捨てる？」

結局、郡兵衛は脱落し、おふみと心中してしまう。

ともすれば、安っぽいシーンにもなりがちなこの場面が鑑賞に耐えるものとなったのは、稲垣監督の演出の妙もさることながら、瀬戸際に立った男女の心の機微を巧みに表現した宝田明と池内淳子の大人の演技によるものである。しっとりとした濡れ場を演じて、絵になる二人でもあった。

思い起こしてみると、稲垣監督の時代劇はすべて男女の恋愛をモチーフにした物語だった。『佐々木小次郎』三部作は、まさしく小次郎（大谷友右衛門）を取り巻く幾人かの女たちとの華麗な恋愛絵巻だったし、『宮本武蔵』三部作も、剣豪物語でありながら実際は武蔵（三船敏郎）とお通（八千草薫）の恋愛を中心とした展開になっていた。そして政治的な陰謀渦巻く闘争劇『柳生武芸帳』二部作ですら、霞の忍者・多三郎（三船敏郎）と夕姫（久我美子）の恋を中心に、その弟の千四郎（鶴田浩二）と清姫（乙羽信子）の恋、柳生又十郎（中村扇雀＝現・坂田藤十郎）と家来の娘りか（岡田茉莉子）との恋など、多彩な男女模様があやなす物語に作り替えられていた。

忠臣蔵映画全盛時代の掉尾《とうび》を飾って登場した稲垣版『忠臣蔵』は、数ある忠臣蔵映画の中でも一、二を争う傑作となった。

第三章　空白の時代の忠臣蔵映画

共感を込め、脱落浪士描く

昭和三十七年（一九六二）、東宝、稲垣浩監督の『忠臣蔵』が作られた後、日本映画からは超大作の忠臣蔵映画がパッタリと途絶えてしまった。それは、そのまま時代劇そのものの退潮を物語るものであった。

が、時代劇そのものは退潮期に入ったからといって即座に消滅したわけではない。製作本数は激減しても、昭和四十年代の半ばごろまでは散発的にではあれ、時代劇そのものの製作は続けられていたのである。時代劇が退潮期に入って、真っ先に姿を消したのは、むしろ時代劇の中でも王座に君臨していた忠臣蔵だった。なぜなら、忠臣蔵映画は常に膨大な製作費を必要とし、オールスターによる配役が必要だったからである。

こうして、戦前・戦後を通じて絶えることなく作られ続けてきた忠臣蔵映画に長い空白の時代がやってくる。そして、再び超大作の忠臣蔵映画がスクリーンに復活するまでには、昭和三十七年の東宝の『忠臣蔵』から数えて、じつに十六年もの歳月を必要とした。

昭和五十三年（一九七八）、久々の大作時代劇『柳生一族の陰謀』（深作欣二監督）のヒットに気をよくした東映が、同じ深作監督により同年に放った『赤穂城断絶』がそれである。『赤穂城断絶』は、赤穂藩の断絶をこんにちにおける会社倒産と見立て、忠臣蔵ドラマの中に現代人の生存感覚を持ち込んで描いた野心的な作品だった。

主な配役は大石内蔵助（萬屋錦之介）、浅野内匠頭（西郷輝彦）、不破数右衛門（千葉真一）、大石りく（岡田茉莉子）、瑤泉院（三田佳子）、吉良上野介（金子信雄）、多門伝八郎（松方弘樹）、柳沢出羽守（丹波哲郎）、色部図書《いろべずしょ》（芦田伸介）、小林平八郎（渡瀬恒彦）、橋本平左衛門（近藤正臣）、はつ（原田美枝子）、土屋主税（三船敏郎）などである。

この映画は、『仁義なき戦い』の監督による暴力と騒擾の気分に満ちた忠臣蔵である。一応は主君の仇討ちという名分が立てられてはいるが、むしろ禄を失った赤穂浪人の幕府ご政道に対する凄まじい反抗、暴発といった感覚が全編に充満している。

堀部安兵衛（峰岸徹）と橋本平左衛門ら急進派による吉良上野介襲撃計画があるかと思えば、反対に上杉家家老・色部図書とその配下・小林平八郎による大石内蔵助暗殺計画があるといった具合に、フルスピードで両者の闘争ドラマが展開され、あれよあれよと言う間に吉良邸討ち入りとなる。時代劇にありがちな愁嘆場をほとんどカットして、深作流のドライなタッチで全編を描き切ったのが成功原因である。

深作監督は、冷静、慎重な主人公の内蔵助よりも、どちらかといえば血気にはやる堀部安兵衛や橋本平左衛門ら急進派の浪士たちに心情的傾斜を見せているように感じられる。仇討ちをすると約束していながら、容易に腰を上げない内蔵助に対する堀部や橋本の根強い不信や反発を、深作は力こぶを入れて執拗に描いている。

そして、堀部らの不信の原因ともなった、内蔵助の浅野家再興運動は、じつは仇討ちのための偽装工作だったという解釈は、映画としてはかなり新鮮なものである。お家再興の嘆願を行って、幕府に却下されれば、今度は上野介を討つための誰もが納得するような名分が得られる。そのための浅野家再興運動だったというのである。

しかし、この作品の中で最も衝撃的だったのは、近藤正臣が演じた脱落浪士・橋本平左衛門の生きざまであり、死にざまであった。平左衛門は、昭和二十九年、松竹の『忠臣蔵』の毛利小平太（鶴田浩二）と同じように強硬な急進派である。平左衛門は容易に仇討ちに踏み切らない大石内蔵助に見切りを付け、わずかの同志と抜け駆けで吉良の駕籠を襲撃しようとするが、直前に吉良の刺客に襲われて片足にけがを負う。これが平左衛門の不運の始まりだった。歩行もままならない体で、万一、討ち入りに加わっても、同志の足手まといになるだけではないか、という焦燥が平左衛門を蝕んでいく。加えて、仇討ちの度重なる延期も、平左衛門を打ちのめした。浪人の

昭和53年、東映『赤穂城断絶』の橋本平左衛門（近藤正臣）とはつ（原田美枝子）

悲しさで、生活はどんどん窮乏していく。

　とうとう原田美枝子が演じる平左衛門の妻はつは、生活のため遊女に身を落とし、平左衛門は朝から晩まで酒浸りで、遊郭のはつに酒代をせびりに行くヒモに成り下がってしまう。そして絶望と困苦の果てに、平左衛門ははつを斬り殺して、自らも壮絶な割腹自決を遂げるのだが、このとき平左衛門が同志の者に言い残した言葉こそは、この映画の隠されたテーマの一つであろう。

　平左衛門は、はつを斬り殺したあと、同志の者に、

「よく見ておけ。俺たちのこのざまを。せめて（討ち入りが）一年、半年早ければ、こうはならなかった。お恨みに存ずる！　大石殿にそう伝えてくれ！」

と吐き捨てるように言って、おのが腹をかっさばき、それから首筋を切って、はつの上に折り重なるように倒れる。

「お恨みに存ずる！」

　この言葉には平左衛門の万感が込められている。恨みと怒りと悲しみのすべてが込められてい

る。討ち入りの日まで、あまりにも時間を食いすぎた大石内蔵助に対する憤激を込めた痛烈な批判である。

深作監督は、この平左衛門の鬱屈と自虐の日々、転落と破滅の人生に、自分たち戦中派のある種の典型を見て、その悲惨な末路を熱い共感を持って描いている。

毛利小平太と橋本平左衛門

考えてみると、昭和二十九年、松竹の『忠臣蔵』の毛利小平太といい、この『赤穂城断絶』の橋本平左衛門といい、討ち入りに加わった浪士たち以上に力を込め、哀惜を込めて描かれている。現代人の感覚からすれば、すんなり討ち入りに加わることができた人たちより、なんらかの事情があって脱落した人間のほうに、むしろ共感できる部分があるようにも思える。昭和・平成の時代において、あえて忠臣蔵映画を作る意味は、その点にこそあるのではないか。

ただ、同じ脱落浪士でも、『忠臣蔵』の毛利小平太と『赤穂城断絶』の橋本平左衛門とでは、大きな違いもある。『忠臣蔵』の毛利小平太は、しのという女性を愛しながらも、仇討ちのため、忠義のため、彼女を振り切って討ち入りに加わろうとする。つまり小平太は、上方の大石内蔵助がなかなか仇討ちに踏み切らず、それに不信感を募らせることはあっても、仇討ちという大義を疑うことだけはなかった。いかに不信感に苦しめられ、いかに貧苦にまみれても、仇討ちという、当時の武士にとっての絶対的な価値を疑うことはなかった。

いや、小平太が絶望的な不信感と貧苦の中で、なおかつ生きるためには、むしろ仇討ちという絶対的な価値が必要であったとも言える。今日的な価値観に照らして考えれば、仇討ちや忠義というものは当時の封建道徳に縛られた幻影であるかもしれないが、小平太にとっては、それを信じるしか生きるすべがなかったのである。

しかし、『赤穂城断絶』の橋本平左衛門は、内蔵助に対する不信だけではなく、仇討ちという行為そのものが、もはや信じられなくなったという点において、はるかに悲劇的であり、その苦悩と懐疑は現代人にも通じるものである。

『赤穂城断絶』一点の瑕瑾

ただ、『赤穂城断絶』の一点の瑕瑾《かきん》は、大石内蔵助を中心とした正統的な仇討ちドラマと、橋本平左衛門のエピソードに代表されるアンチ忠臣蔵の部分との乖離、分裂にある。

じつは深作監督自身は、橋本平左衛門のエピソード、つまりアンチ忠臣蔵の部分にほとんどのめり込んでいて、できればこの映画全体をその線でまとめたかったらしい。ところが、主役の萬屋錦之介がそれに反対し、あくまでも正統的な忠臣蔵を主張して譲らなかったという。そしてこがスターシステムのスターシステムたるゆえんなのだが、『仁義なき戦い』シリーズを連続ヒットさせ、さらに大ヒット作『柳生一族の陰謀』を放って一躍東映の稼ぎ頭となった大物監督・深作欣二にしても、大スター萬屋錦之介の意向には逆らえなかった。

そのため、平左衛門によるアンチ忠臣蔵の色彩をかなり濃厚に残しながらも、最後は錦之介の主張通り正統的な仇討ちドラマの線でまとめざるを得なかったというのが、どうやら真相らしい。そして、いったんは潰《つい》え去った深作監督のアンチ忠臣蔵構想は、十六年後の『忠臣蔵外伝　四谷怪談』のときに再び火を吹き返すのである。しかし、そのとき深作監督は、『赤穂城断絶』では不完全なかたちでしか描くことができなかったアンチ忠臣蔵の構想を、果たして満足なかたちで実現できただろうか。

深作欣二の再挑戦

『赤穂城断絶』が公開されたあと、平成六年（一九九四）に、松竹、深作欣二監督の『忠臣蔵外伝　四谷怪談』と、東宝、市川崑監督の『四十七人の刺客』という二本の忠臣蔵映画の誕生を見るまで、さらに十六年の年月が経過した。そして、この二本は奇しくも十月二十二日という全く同じ日に封切られた。

『忠臣蔵外伝　四谷怪談』は、その題名のごとく、忠臣蔵物語と四谷怪談をドッキングさせたものである。しかし、こうした試みはことさら目新しいものではなく、物語の脈絡とは関係なしに『仮名手本忠臣蔵』と『東海道四谷怪談』を交互に上演するという、じつにアヴァンギャルド（前衛的）な上演方法は、すでに江戸時代からあった。

そもそも鶴屋南北の『東海道四谷怪談』は、当時の正統的忠臣蔵物語の聖書《バイブル》とも言うべき『仮名手本忠臣蔵』に対抗する、文字通りアンチ忠臣蔵として書かれたもので、主人公の民谷伊右衛門は赤穂浪士でありながら仇討ちには見向きもせず、ひたすらおのれの現世的な欲望のままに生きる男として描かれており、その意味では非常に現代的な人間像でもある。

深作欣二は松竹から新たな忠臣蔵映画の監督の話を持ち込まれたとき、十六年前の『赤穂城断絶』の雪辱戦をやろうと決めたらしい。そして、そのためには正統的な忠臣蔵とは「表」と「裏」の関係にある四谷怪談をやるしかないと――。

ただ、『忠臣蔵外伝　四谷怪談』の民谷伊右衛門（佐藤浩市）は、『東海道四谷怪談』の伊右衛門とは違い、最初から仇討ちに背を向けているわけではない。むしろ、この映画の伊右衛門は、『赤穂城断絶』の橋本平左衛門と同じように、最初は熱烈な仇討ち推進派として登場する。伊右衛門の心がぐらついてくるのは、長引く討ち入りの遅延と貧困によるものである。

そして奇しき運命のいたずらが伊右衛門に降りかかる。伊右衛門は、吉良上野介の用人・伊藤喜兵衛（石橋蓮司）の孫娘お梅（荻野目慶子）に見初められ、入り婿にと望まれる。お梅の婿となって伊藤家に入れば、伊右衛門の将来は約束される。これはわずかの金にも窮乏している伊右衛門にとって、願ってもない縁談だった。

伊藤家の入り婿となるための唯一の障害は、伊右衛門にとっては女房同然の女お岩（高岡早紀）だった。喜兵衛はお岩の顔がふためと見られぬ醜い面相に変わる毒薬を飲ませる計画を伊右衛門に打ち明け、彼もそれを承諾する。

その夜、毒薬を飲まされて世にも恐ろしい面相と化したお岩は、錯乱して包丁を振り回した挙句、誤ってわが胸を突いて死んでしまう。同じ夜、伊右衛門は新床《にいどこ》のお梅を、お岩の亡霊と見誤って斬り殺し、喜兵衛まで手にかけてしまう。

これを知った吉良家家臣の清水一学（蟹江敬三）は、吉良家への仕官と引き換えに大石内蔵助を暗殺してくれと伊右衛門に頼む。伊右衛門は暗殺の意思を忍ばせて内蔵助を訪ねるが、逆に赤穂浪士たちに斬り殺される。

敵《かたき》である吉良家に仕官するために、自分たちの頭領である大石内蔵助まで暗殺しようとした男の末路である。

物語の展開として、ここまではよい。ただ、そのあとがいけなかった。死んだはずの伊右衛門がゴーストとなって、赤穂浪士の討ち入りを見届け、幽霊のお岩まで超常現象を起こして討ち入りの手助けをするのだから、これはもう、いくらなんでもやりすぎである。

しかも、ゴーストとなった伊右衛門とお岩の間には、いつしか怨恨を超えた美しい和解が成立していて、互いに優しいまなざしを交わし合うといった大甘なショットまで用意されている。

そしてフィナーレでは、仇討ち本懐を遂げて、吉良邸から引き揚げて行く赤穂浪士たちを、伊

平成6年、松竹『忠臣蔵外伝　四谷怪談』の民谷伊右衛門（佐藤浩市）とお岩（高岡早紀）

右衛門は寿《ことほ》ぎの琵琶を掻き鳴らして見送る。もとより伊右衛門はゴーストであるから、浪士たちからは伊右衛門の姿は見えない。しかし、姿は見えないが、伊右衛門が掻き鳴らす琵琶の音《ね》は、浪士たちにもよく聞こえるという設定になっていて、浪士たちはその琵琶の音から伊右衛門の存在を感知し、名残惜しげに去っていく。このシーンの描き方だと、内蔵助はじめ赤穂浪士たちも、伊右衛門の裏切りを心優しく許しているように見える。

ここに裏切り者・伊右衛門と赤穂浪士たちとの間に美しい和解が成立するのだが、これは些か安易な和解ではないだろうか。

ところで、この伊右衛門と浪士たちとの別れのシーン、じつは市川崑監督の名作『ビルマの竪琴』の、あの水島上等兵と兵士たちとの別れのシーンの完全な変奏であることをご存じだろうか。なんのことはない、水島上等兵が奏でる竪琴の音《ね》を、伊右衛門が掻き鳴らす琵琶の音に替えただけなのだ。『ビルマの竪琴』では送別の曲『仰げば尊し』を弾いて去って行く水島上等兵を兵士たちが見送るが、この映画では逆に吉良邸から引き揚げて行く赤穂浪士を伊右衛門が見送るというシーンに置き換えられている。

そして赤穂浪士たちを見送ったあと、伊右衛門とお岩のゴーストは仲良く肩を並べ、満足げに吉良家の門前から立ち去っていくのだが、アンチ忠臣蔵を標榜した『忠臣蔵伝　四谷怪談』の締めくくりが、果たしてこの和解ずくめのラストでよいのか、甚だ疑問である。

民谷伊右衛門とは？

この映画で民谷伊右衛門の父親役を近藤正臣が演じているが、じつはこれには深作監督の特別な意図が込められている。というのは、近藤正臣は十六年前の『赤穂城断絶』で、脱落浪士・橋本平左衛門を演じた俳優だからである。その近藤正臣が父親を演じているということは、『忠臣蔵外伝　四谷怪談』の民谷伊右衛門こそは、『赤穂城断絶』の橋本平左衛門のDNAを色濃く受け継いだ人物であることを暗に物語っているのである。

それでは平左衛門の悲劇とは何であったか。言うまでもなく、貧苦と不遇から、仇討ちという大義も、忠義といった美名も、すべてが信じられなくなってしまった悲劇である。

ただ、伊右衛門がそうした平左衛門の懐疑的なDNAを色濃く受け継いだ人物だとすると、伊右衛門と赤穂浪士たちとの間に、いとも容易《たやす》く和解が成立してしまうこの映画のラストは、いかにも不徹底な印象が拭えないのである。

赤穂浪士を裏切り、否定し、おのれの欲望のままに生きることこそ民谷伊右衛門という人物の存在理由ではないだろうか。逆にそのほうが、忠臣蔵という物語もまた数等、面白くなってくると思うのだが――。

不満足感が残る『四十七人の刺客』

『忠臣蔵外伝　四谷怪談』と同じ年、同じ日に公開された市川崑監督の『四十七人の刺客』は、時代小説の人気作家・池宮彰一郎の原作によるもので、従来の忠臣蔵物語を逆倒して、さまざまな新解釈を盛り込んだ作品である。ただ、この原作は従来の類型的な物語を否定するあまり、こじつけの奇説が目立つ、非常に疑問の多い作品でもある。

主な配役は、大石内蔵助（高倉健）、色部又四郎（中井貴一）、柳沢出羽守（石坂浩二）、吉良上野介（西村晃）、千坂兵部（森繁久彌）、大石りく（浅丘ルリ子）、かる（宮沢りえ）、浅野内匠頭（橋爪淳）、瑤泉院（古手川祐子）、原惣右衛門（中村敦夫）などであり、既成の忠臣蔵イメージを一新した清新かつ意欲的なキャスティングと言ってよい。

物語は池宮原作を踏襲して、浅野内匠頭の刃傷事件以後に起こったことは、すべて有利な条件で討ち入りを行おうとする大石内蔵助と、それを阻止せんとする上杉家家老・色部又四郎との謀略戦だったという線で進められるが、この解釈には最初から少し無理があるような気がする。

映画の中で、稀代の謀略家・大石内蔵助は、浅野家は公儀の命令で廃絶になったのだから、吉良を討つためには、なにびとにも納得のゆく名分が必要だと言う。さらに内匠頭の刃傷の原因は全く分からないのだから、逆にどのようにでも作り出せるのだとうそぶく。そして上野介が賄賂をせびり、それに応じなかった内匠頭には連日手違いが生じ、ついに我慢がなりがたく刃傷に及んだという、全く根も葉もない噂を、内蔵助は莫大な財貨を使って江戸じゅうに広める。

つまり刃傷の原因について世間に流布された話は、すべて内蔵助の謀略によって伝播されたものだと言うのである。しかし、これはあまりにも小手先を弄して作り上げた奇説と言うべきであって、どのように考えても納得のゆく話ではない。

それに浪士の突進を防ぐため深々と掘られた水濠《みずぼり》や落とし穴、幾重にも入り組んだ迷路、屋敷内の数々の仕掛けなど、討ち入りに備えて吉良邸が要塞化されていたなどという奇想や、その要塞を攻略するため赤穂浪士がわざわざ屋根に穴をあけて侵入するといった発想もあまりにも荒唐無稽すぎはしないか。その上、討ち入りの夜、浪士たちが戦闘の途中で休憩したり、食事を摂ったりするのは、さすがに興ざめ、である。

この映画は、映像派の市川崑監督作品なので、山科の鬱蒼と生い茂った竹林や、夕日を浴びて真っ赤に染まった障子、そして吉良邸めがけてひた走る赤穂浪士を俯瞰で捉えたショットなど、思わず息を呑むような映像美が多い。

にもかかわらず、鑑賞後に不満足感だけが残るのはなぜなのか。

平成6年、東宝『四十七人の刺客』のかる（宮沢りえ）

この映画の大きな問題点は、上映時間が二時間九分しかないということである。忠臣蔵は群像劇であるから、多くの登場人物の人生や逸話がまんべんなく描かれないと、ドラマとしての感動が生まれてこない。だから多くの忠臣蔵映画は三時間から三時間半の大作なのである。短くても二時間三、四十分はどうしても必要である。それが二時間九分しかないと、どの逸話も中途半端にしか描けないことになってしまう。しかも、この映画は上映時間が短いにもかかわらず、傍系の逸話であるはずの、高倉健演じる内蔵助と宮沢りえ演じるかるの恋愛を描くのにたっぷりと時間を注ぎ込んでしまっているため、忠臣蔵の主要な物語をほとんど描くことができないのである。

それがこの映画の最大の欠点である。

疑問の多い『最後の忠臣蔵』

ちなみに、この『四十七人の刺客』と『忠臣蔵外伝　四谷怪談』が封切られた後、平成二十二年（二〇一〇）にハリウッド資本による大作『最後の忠臣蔵』（杉田成道監督）が公開されるまで、またも忠臣蔵映画の空白時代が続いた。

繰り返すが、日本映画界が毎年のように超大作の忠臣蔵映画を作っていた、いわゆる時代劇全盛時代における最後の作品、昭和三十七年、東宝、稲垣浩監督の『忠臣蔵』から、昭和五十三年、東映、深作欣二監督の『赤穂城断絶』まで十六年の空白があった。さらに『赤穂城断絶』から『四十七人の刺客』までが、また十六年である。そして平成二十二年には久々の忠臣蔵大作『最後の忠臣蔵』が登場したが、これまた『四十七人の刺客』から数えると十六年目に当たる。

またしても十六年ごとに蘇る忠臣蔵映画である。まことに不思議な因縁と言うしかない。

しかし、『最後の忠臣蔵』は、大変欠点の多い作品だった。

大石内蔵助（片岡仁左衛門）の家来・瀬尾孫左衛門（役所広司）は、討ち入りの前夜、内蔵助から生まれたばかりの妾腹の娘・可音《かね》の養育を頼まれ、心ならずも脱盟する。そして、もう一人、足軽の寺坂吉右衛門（佐藤浩市）も、内蔵助の密命を受け、赤穂浪士の遺族の面倒を見るため討ち入り後の吉良邸から姿を消す。しかし、これは池宮彰一郎の原作にも起因することだが、赤穂浪士の討ち入り後、内蔵助の密命を帯びて生き残った武士が、一人ならばまだしも、二人もいたのではリアリティーが半減してしまう。同じ物語の中で、同じ手を二度使ってはいけない。物語の信憑性が一気に下落してしまう。

可音（桜庭ななみ）をひそかに養育していた瀬尾孫左衛門が、同藩の親友・寺坂吉右衛門と再会したとき、可音を養育していたことを隠すため、いきなり吉右衛門に斬り付けるシーンがある

平成22年『最後の忠臣蔵』の嫁入り場面。中央は可音役の桜庭ななみ

が、これは全くナンセンスである。というのは、このときすでに赤穂浪士の討ち入りから十六年が経過しており、そもそも内蔵助の遺児を養育していることを世間に隠す必要など全くないのである。史実では、赤穂浪士の切腹後、浪士の遺児のうち、すでに成人に達していた男子四人は遠島処分を受けたが、それとて病死した一人を除いて、わずか三年ほどで全員が許されて帰っているのである。しかも可音は女子である。内蔵助はじめ赤穂浪士の妻や娘たちは、最初からだれ一人として罰せられていないのだから、可音のことを世間に隠し立てする必要など全くないのである。

いわんや、吉右衛門は孫左衛門にとって莫逆《ばくぎゃく》の友である。その親友を斬ってまで、隠さなければならない理由などどこにもない。以上のことは、この映画の原作者と脚本家と監督の無知と完全な思い違いを証明するものである。

それに、最もおかしいのは、可音の嫁入り行列の前に、

「手前は元赤穂藩の誰々という者です」
「拙者は誰々です」
と元浅野家の家臣たちが駆けつけて来ることである。言うまでもなく、彼らは大石内蔵助の家来ではなく、元浅野家の家来である。身分の上下はあっても、いわば内蔵助の同僚である。その同僚である彼らが、内蔵助の妾腹の子にすぎない可音に対して、まるで臣下の礼を取るような態度で馳せ参じてくるのは、大変おかしなことなのである。これがもし、可音が内蔵助の子ではなく、彼らの旧主である故浅野内匠頭の遺児だとでもいうなら話は別だが、小藩の家老の、それも妾腹の子に対して、まるでやんごとなきお姫様でもあるかのような扱いをすること自体が、全く見当違いなことなのである。

この映画の結末、可音の婚儀を見届けた孫左衛門が、十六年前にあの世に旅立った大石内蔵助はじめ赤穂浪士たちの後を追うため、切腹して果てるシーンも、いかにも作りすぎた結末で、真実味がない。

作りすぎた結末と言っても、じつはこれは池宮彰一郎の原作通りの結末である。しかし、観念で成立している小説では、そう不自然に感じない孫左衛門の後追い自殺も、現実性をこととする映画では、いかにも不自然なものに見えてしまう。

『47RONIN』は忠臣蔵映画か

ハリウッド資本による『最後の忠臣蔵』から三年後の平成二十五年（二〇一三）に、再びハリウッド資本による『47RONIN』という映画が公開され、一般的にはこれも忠臣蔵映画とされている。

しかし、私に言わせれば、これは決して忠臣蔵映画などではない。確かにこの映画には大石内蔵助とか、浅野内匠頭とか、吉良上野介といった役名による登場人物が登場することは登場する。が、名前だけは内蔵助や内匠頭や上野介でも、およそ忠臣蔵とは似ても似つかぬ奇妙奇天烈《きてれつ》なストーリーが展開される。

赤穂領内で行き倒れになっていた異邦人のカイ少年は、藩主の浅野内匠頭（田中泯）に助けられ、内匠頭の幼い娘ミカが優しく介抱してくれた。カイはいつかこの父娘《おやこ》のため、身を捨てて恩返しをしたいと思っていた。やがてカイ（キアヌ・リーブス）とミカ（柴咲コウ）は、たくましい青年と美しい姫に成長する。

そのころ隣国の吉良上野介（浅野忠信）が、赤穂領をわがものにしようと虎視眈々と狙っていた。内匠頭は上野介の側室ミヅキ（菊地凛子）に妖術をかけられて錯乱し、上野介に斬り付けてしまう。激怒した将軍・徳川綱吉の命により、内匠頭は切腹させられる。そして浅野家の筆頭家老である大石内蔵助（真田広之）は危険人物として地下牢に幽閉され、家来たちは赤穂から追放されて離散し、最下級の被差別民だったカイは奴隷として出島に売り飛ばされる。

その上、傷心のミカは父・内匠頭の喪が明ける一年後には父の敵《かたき》である上野介と祝言を挙げることを将軍に命じられる。ミカの祝言が一週間後に迫ったとき、やっと地下牢から召し放たれた内蔵助は、真っ先に出島へ赴き、見世物のための剣闘士にされていたカイを救出する。やがて内蔵助はカイと元赤穂藩士たちを率いて上野介の城を襲い、内匠頭の復讐を成し遂げる。

平成25年『47 RONIN』

将軍は仇討ちを禁じた自分の命に背いた罪で、内蔵助たち四十七人に切腹を命じる。切腹の直前、将軍によって内蔵助の一子・主税だけはその罪を許され、赤穂藩再興のため尽くすことを命じられる。その日、主税以外の四十六人は切腹して相果てたが、その中にただ一人、日本人ではないカイの姿もあった。

ざっと、こんなストーリーだが、映画の中にはまるで『ロード・オブ・ザ・リング』に出てくるような珍獣・怪獣や、妖術使いの悪女や、鼻のない奇体な面相の天狗まで出てくる。そして鎧甲冑《よろいかっちゅう》武者の御前試合や、ローマ時代の剣闘士もどきの闘技場面が登場し、おまけに八岐大蛇《やまたのおろち》ならぬ巨大怪竜とＲＯＮＩＮの一騎討ちまである。一体、それらのどこに忠臣蔵物語があると言うのだろうか。

江戸時代なのに戦国時代かと見まごうばかりの鎧甲冑武者がいたるところに出没するのも大いに気になるところである。一体、天下泰平の江戸時代のどこに鎧甲冑の武者がいるというのだろうか。

それに日本だか中国だかどこだか分からないような国籍不明の宮殿や建造物、衣装や室内装飾が画面に氾濫し、あきれたことに将軍・徳川綱吉はまるで中国人みたいな格好をして登場する。

これはごくごく悪趣味なファンタジー・アクション映画であって、およそ忠臣蔵とは縁もゆかりもない映画である。

そういう点では、同じハリウッド資本とはいっても、『最後の忠臣蔵』のほうはまだマシだった。製作者はアメリカ人でも、監督、脚本はじめスタッフは全員日本人だから、少なくとも、時代考証や風俗考証などの点では問題はなく、いわゆる新解釈ものの一つではあるが、正統的な忠臣蔵物語の後日談としての韻はきちんと踏まれていた。

しかし、『47ＲＯＮＩＮ』は、すでに忠臣蔵ですらない。浅野内匠頭と吉良上野介の勅使供応役に絡む確執と刃傷、そして内匠頭の切腹と家臣の離散、吉良邸討ち入りといった歴史的事実や伝説化された物語が全く無視されてしまっており、ハリウッド流の、それもかなり低俗で安っぽいアドベンチャー・ストーリーに書き換えられてしまっている。

しかし、そもそも忠臣蔵映画とは、伝統的に日本人のアイデンティティーの物語だったはずではないか。日本人の美意識、日本人の価値観、日本人の深層心理を反映したもの、それが忠臣蔵映画ではなかったか。

これに反してハリウッド資本による忠臣蔵映画、特に『47RONIN』は、そもそもの出発が日本市場の拡大という商業的目的しかないのが最大の問題点である。日本人に最も人気のある物語は忠臣蔵だからというだけの理由で、つまり集客上の理由から忠臣蔵を題材に選んだにすぎない。しかも、その忠臣蔵をある程度、伝統的な物語に忠実に映画化するのならまだしも、忠臣蔵とは似ても似つかぬ珍妙極まるストーリーに作り変えてしまっているのだから、まさに羊頭狗肉とはこのことである。

日本人は長い年月、忠臣蔵という物語の中に何を感じ取ってきたのか。そもそも忠臣蔵の中には日本人の何が描かれているのか。それらを全く知ろうともせずに作っているわけだから、ハリウッド製の忠臣蔵を日本人が観て面白いはずがないのである。納得のいくはずがないのである。

これがハリウッド製の忠臣蔵映画と称するものに対する私の考え方である。

忠臣蔵映画の行方

ここまでが忠臣蔵映画の歴史である。

戦前から戦後の忠臣蔵映画全盛時代を経て、現代にまで至る忠臣蔵映画の歴史である。

しかし、厳密に言えば、さきほども述べたように『47RONIN』は到底、忠臣蔵映画の数に入るような作品ではないので、そうした意味では五年前の平成二十二年の『最後の忠臣蔵』で忠臣蔵映画の歴史は終わっていると言える。

いや、もっと厳密に言えば、『最後の忠臣蔵』も『47RONIN』も日本映画ではなくアメリカ映画なのだから、日本映画として製作された忠臣蔵映画ということになると、なんと、いまから二十一年も前の平成六年『忠臣蔵外伝　四谷怪談』と『四十七人の刺客』が最後ということになってしまう。

このことには改めて驚きを感じる。というのは、何度も言うように、忠臣蔵映画は日本映画の〝お家芸〟であり、日本人のアイデンティティーと密接につながっていると考えられるからである。その忠臣蔵映画が、ここ二十年以上、日本映画としては全く作られていず、わずかにアメリカ映画として製作されているという現実に、大きな驚きと疑問を感じざるを得ない。

その忠臣蔵映画が、今後、文字通り日本映画として復活することは果たしてあるのだろうか。

あるとすれば、それはどのようなかたちを取って現れるのか。長年、忠臣蔵映画の歴史と変化を見守ってきた人間にとって、非常に興味のあるところである。

ところで、これまで取り上げてきた作品は、浅野内匠頭の刃傷事件から赤穂浪士による討ち入りまでを描いた大作の本伝に限っている。その時代その時代を代表する記念碑的な大作映画に限って論じてきた。

しかし、言うまでもなく忠臣蔵映画の本数はじつに膨大であり、論じ尽くせなかった作品は山ほどある。

堀部安兵衛や赤垣源蔵など、赤穂浪士一人一人を描いた銘々伝や、俵星玄蕃などの外伝もの、および関連作品については追々論じていきたい。

さらに、長谷川一夫の有名なあの『赤穂浪士』、石坂浩二の『元禄太平記』、緒形拳の『峠の群像』、中村勘九郎（故・勘三郎）の『元禄繚乱』——。ゆくゆくは、国民的ドラマとして長年親しまれてきたNHK大河ドラマにおける忠臣蔵についても当然、話題が及んでいくはずである。

そして終極的には、百年の長きにわたって日本人の心に映像を刻んできた忠臣蔵映画が、一貫して描いてきたものは一体なんだったのか、それを解明するのが、本書の最大の目的である。

〈間奏曲〉忠臣蔵事始め

やや肩ひじ張った議論ばかりしてきたような気がするので、このページは、ほんの骨休めの〈間奏曲〉である。

作者の少年時代に関する思い出なので、このページに限り「私は」ではなく、それにふさわしく「ぼくは」と語り始めてみたい。

ぼくは少年時代から忠臣蔵が大好きだった。

きっかけは、たしかこうである。

小学校の一年か、二年ぐらいのときだったと思う。ぼくには二歳上の姉がいたが、その姉があるとき、父に向かって、

「斬り付けたのが浅野内匠頭……。斬られたのは吉良上野介でしょッ？　ねッ、ねッ、そうでしょッ？……」

と得意げに問いかけているのを、横合いから聞きつけたのが、そもそもの発端だった。

「浅野？　吉良？」

しかし、ぼくにはなんのことなのか、さっぱり分からなかった。
「それはねぇ……」
父は姉の問いに応じて、あれこれと答えている。どうやら歴史上の事件のことらしい。なになに……、元禄時代に浅野内匠頭という大名が殿中で刃傷事件というものを引き起こしたらしい。ふむふむ、内匠頭は切腹を命じられ、浅野家は取り潰された。そして、それを無念に思った浅野の家来四十七人が翌年の暮れに、吉良の屋敷に討ち入って、上野介の首級を挙げた。どうやら、そんな話らしい。

ぼくはたちまちにして、この事件に興味を持ち、忠臣蔵に関する本を片っ端から読み始めた。少年向けの日本史百科や日本史シリーズ、講談本、少年読み物など忠臣蔵に関するものなら何でも読んだ。どれもこれも面白く、ぼくはすっかり忠臣蔵の世界に取り憑《つ》かれてしまった。

元禄時代といえば、関ヶ原合戦から百年、天草の乱から六十数年、由比正雪の乱からでもすでに五十年を経過している。少年でも、それくらいのことは知っている。その天下泰平の元禄時代に、しかも将軍家お膝元である江戸において、四十七人もの人間が徒党を組んで、ついきのうまでは幕府高官だった武士の屋敷に夜襲をかけ、その首級を挙げたという事実に、ぼくは強い衝撃を受けた。そこまで赤穂浪士を駆り立てたものは果たして何だったのか、と。

よく赤穂藩には三百人の家来がいたのに、討ち入りに加わったのはたったの四十七人だったという言い方がされるが、ぼくはむしろ四十七人という人数は多過ぎると思った。五人、十人の人

昭和 31 年、東映の『赤穂浪士』の討ち入り場面。中央は大石内蔵助役の市川右太衛門

間が血気にはやって吉良邸に斬り込んだというのなら、まだ話は分かる。いつの時代にも、それぐらいの過激派はいるものだからだ。

しかし、四十七人もの人間となると、おのずから話は違ってくる。そこには単なる血気や暴発ではなく、明確な意思と計画性が介入してくるからだ。

赤穂藩がお取り潰しになった直後なら、吉良上野介の屋敷に斬り込んでやるなどと息巻く人間の五人や十人はいるだろう。しかし、それから三か月たち、半年たち、一年が過ぎ、さらに二年近い歳月が経過すると、最初はいきり立っていた者たちも、徐々に熱が冷め、現実的な生活の方途を考え始めるのが、人の常、世の常というものではないだろうか。

それを、なぜ、赤穂浪士たちは、二年近くもの長い間、上野介への恨みを忘れずに吉良邸に討ち入るという、当時の常識から言っても、驚くべき行動に出たのか……。

というのは、忠臣蔵の時代の五代将軍・綱吉の時代だけでも五十家近い大名が取り潰されており、江戸時代全体を通じても二百数十家の大名が廃絶の憂き目に遭《あ》っている。しかし、その中のどの大名家も、幕府に反抗がましい行動など一切取っていないのである。すべて泣き寝入りである。みな、おとなしく城地を明け渡して離散している。それを、なぜ赤穂藩だけが、幕府のお裁きを不服として、相手方の吉良上野介の屋敷に斬り込むなどという謀反がましい行動に出たのか。ぼくが感じた最大の驚き、最大の衝撃はそれだった。

そして、ぼくは子供心にも「自分は大きくなったら〈忠臣蔵博士〉になりたい」と本気で思った。そして、中学、高校になるとかなり専門的な歴史書や史料集まで読むようになり、単なる歴史物語から厳密な考証や史料批判を伴った史実へと関心が移っていき、そのころにはすでに、ぼくの忠臣蔵に関する知識は父のそれを遥かに凌駕するようになっていた。

父は昔の人間だから倹約家の一面もあったが、「本を買う」と言うと不思議にお金はいくらでもくれたので、少年にとってはかなり高価な本でも自由に買えた。

もしかしたら、これは、子供に対しては一切、放任主義だった父の、唯一の教育方針のようなものだったのかもしれない。父は温和で、正直で、性格のねじ曲がったところなどは少しもない人間だったが、それでも「自分は苦学をしたが、苦学はいけない。人間がねじ曲がる。するなら遊学だ。絶対に遊学でなくてはいかん」と口癖のように言っていたし、じじつ子供たちをみな好きな道に進ませた。

中でもぼくは、組織や集団というものが極端に嫌いで、せっかく入った学校も途中でやめてしまうような人間だったが、父のこの〈遊学主義〉のお陰で、ずいぶんしたい放題のことをさせてもらった。文学、映画、哲学、歴史とおよそ飯のタネになどなりそうにもないことにばかり熱中し、かなりの年まで、いわば〈自由遊学〉させてもらった。ぼくがこんにちあるのは、ひとえに父のこの徹底した自由放任主義のお陰である。

父に関して驚くのは、息子が買い集めた何百冊もの書籍を一冊残らず、必ず自分も読んでいたことである。それも几帳面にも本棚の端から順々に読んでいたらしいのである。

父は建築士だったが、当時は戦後の建築ブームで大変な忙しさだったことを考えれば、まさに驚異的な読書量だったと言わざるを得ない。そして何百冊もの同じ本を読んでいたということが、父子の対話を深める大きなバックボーンになっていたんだな、といまにして思う。

しかし、その父も、もう二十年以上も前のことではあるが、風邪をこじらせてあっけなくこの世を去ってしまった。

そして命日は、なんという運命のいたずらか、赤穂浪士の討ち入りと同じ十二月十四日だった。

赤穂浪士の討ち入りと父の死……。

この日は、ぼくにとって二重の意味で生涯忘れることのできない〈特別な日〉になってしまった。

十二月十四日は、赤穂浪士の討ち入りにちなんだ催しも多く、ぼくも忠臣蔵に関する講演を頼まれることが少なくない。

ぼくにとっては十二月十四日は、たしかに父の命日ではあるが、頼まれればどこへでも出かけて行って忠臣蔵について精一杯お話することが、父へのなによりの供養だと思っている。

しかし、少年時代に父から教わった忠臣蔵がきっかけで、ぼくが毎年のように忠臣蔵についての講演を行ったり、こうして忠臣蔵映画に関する文章を書いたりしていることを、墓の下の父は知らない。

第四章　忠臣蔵と浄瑠璃坂の敵討ち

発端は忠臣蔵と同じ刃傷事件

赤穂浪士の討ち入りはだれでも知っている。

が、赤穂浪士の討ち入りに先立つ三十年前に、襲撃する側と迎え撃つ側合わせて百人余りもの人間が入り乱れて大殺戮を演じた江戸市ヶ谷の「浄瑠璃坂の敵討《かたき》ち」については、不思議にあまり知られていない。

しかし、赤穂浪士の事件が起こるまでは、もっぱらこの浄瑠璃坂の敵討ちが、前代未聞の大仇討ちとして大いに世上を騒がし、討ち手側の名目人・奥平源八は、あたかも武士の鑑のように持てはやされていたらしい。いわば浄瑠璃坂の敵討ちは、この時代の仇討ち事件の見本のようなものだったのである。

ところが、赤穂浪士の一件が起こってからは、世人の注目が赤穂浪士にだけ集中し、浄瑠璃坂の敵討ちのほうは、いつの間にか忘却の彼方に押しやられてしまったのである。なにかセンセーショナルな事件が起こると、その事件にばかり狂奔して、そのほかのことは途端に顧みられなくなってしまう。これは昔も今も変わらぬ日本社会の悪しき習性である。

しかし、浄瑠璃坂の敵討ちは、あらゆる意味で忠臣蔵事件と似ており、赤穂浪士による討ち入りは、明らかに、この浄瑠璃坂の襲撃を手本にしているという説まであるくらいである。

なによりも赤穂浪士の討ち入りも、浄瑠璃坂の敵討ちも、その原因はともに刃傷事件に端を発していることが第一の類似点である。

赤穂浪士の討ち入りの発端となった江戸城松之大廊下における刃傷の経緯《いきさつ》については、すでに本書でも述べているので、ここでは浄瑠璃坂の敵討ちの原因となった刃傷事件を中心に進めてみたい。

ことの起こりは、元禄十四年（一七〇一）の浅野内匠頭の刃傷事件から三十三年前、寛文八年（一六六八）に遡る。

この年の二月に下野《しもつけ》国宇都宮藩主・奥平美作守《みまさかのかみ》忠昌が病死した。翌三月二日にその葬儀が国元で行われたが、些細なことから大身《たいしん》同士の奥平隼人と奥平内蔵允《くらのじょう》との間に口論が起こった。原因は法会の席次争いとも、戒名に絡んだ争いとも言われているが、浅野内匠頭の刃傷の原因同様、はっきりしたことは分からない。

とにかく日頃から不仲だった奥平隼人が自分の武芸の腕を鼻にかけ、学問に長じた奥平内蔵允を「文弱の徒」と口汚く罵ったため、ついに内蔵允が抜刀し、隼人も応戦して両人の斬り合いとなったが、その場は、大剛を持って鳴る兵藤玄蕃という者に押し隔てられて、双方ともに意趣が果たせないまま、物別れに終わった。

ところが、内蔵允と隼人の刃傷沙汰が起こったのは、天下泰平の空気が瀰漫《びまん》していた忠臣蔵の元禄時代とは異なり、まだ戦国の気風が残っていた寛文年間のことである。打ち物取る武士《もののふ》の家に生まれた者として、いったん刀の鯉口《こいぐち》を切っていながら、相手を打ち漏らしたことは死にも勝る屈辱であった。しかも、仕掛けた本人でありながら、再起不能な深手まで負ってしまった内蔵允のほうは、これを深く恥じ、裁きを待たずに切腹して果ててしまった。いわば隼人への凄まじい恨みを叩きつけた憤死である。

奥平家の一門であり、宇都宮藩を代表する重臣同士の不祥事に手を焼いた新藩主の奥平大膳太夫昌能《まさよし》は、幕府に採決を願い出た。幕府の結論は、奥平内蔵允は乱心であるから死に損《ぞん》、奥平隼人の処置については宇都宮藩に任せるというものであった。

この幕府の裁きについても、隼人のほうには幕府の役人に親戚縁者があったため、その方面から手を回して自分に有利な採決を勝ち取ったという説がある。後難を恐れた藩主・昌能は、内蔵允の子・源八も、隼人とその父・奥平大学も、ともどもに改易処分にして宇都宮を退去させた。

これに先立って奥平源八は、喧嘩両成敗のご定法通り、隼人にも切腹を命じて欲しいと藩庁に願い出ていたが、これは結局、聞き容れてもらえなかった。しかも、藩主の昌能は、表向きは隼人を領内から立ち退かせはしたものの、懇意の大名に隼人の保護を依頼し、その城下にしばらく潜伏させるなど、陰になり日向《ひなた》になって隼人の安全確保に努めた。昌能は元来、武芸好みの性格だったので、学識派の内蔵允よりも、武芸自慢の隼人の肩を持ったのである。

結末も忠臣蔵と同じ討ち入り

おさまらないのは奥平源八である。

ついに源八は叔父の夏目外記《げき》、従兄弟の奥平伝蔵、参謀格の桑名頼母《たのも》らと語らって、奥平隼人一派への復讐戦を開始した。源八らは、まず手始めに江戸の旗本屋敷に逃げ込んだ奥平隼人と合流しようとした弟の奥平主馬允《しゅめのじょう》を血祭りに上げた。これは三十人ほどの一族郎党を引き連れて兄・隼人の加勢に向かおうとした奥平主馬允を、出羽上《かみ》ノ山に近い藤吾村に待ち受けて、大乱闘の上、討ち果たしたもので、さながら荒木又右衛門の伊賀上野の待ち伏せを彷彿とさせる。

奥平源八側は、このとき二十人近い同勢だったらしく、人数だけの比較では、主馬允方が有利なように見える。しかし、主馬允の家来は山形で新規に召し抱えた者が多く、白兵戦になると主人に忠義を尽くす義理のない新参者は先を争って戦線を離脱したため総崩れとなり、主馬允もついに兄・隼人の元へ馳せ参じることができないまま、この地であえなく討ち取られてしまった。

時に寛文十年（一六七〇）七月十二日のことであった。

これを知った奥平隼人側は、ますます身の危険を感じて、それまでの旗本屋敷から、守りの堅固な市ヶ谷の浄瑠璃坂の屋敷に移って万全の警戒態勢を敷いていた。

奥平源八ら一党四十二人が、奥平隼人・大学らが潜む浄瑠璃坂の屋敷に討ち入ったのは、それから中一年を置いた寛文十二年（一六七二）二月二日のことだった。赤穂浪士の吉良邸討ち入りのちょうど三十年前。時刻もそっくり同じ寅の上刻（午前四時）である。いかに備えは怠っていなかったとはいえ、内蔵允と隼人の刃傷事件から、はや三年、隼人の弟・主馬允が源八らに討ち取られた上ノ山騒動から数えても、すでに二年の歳月が経過している。そろそろ気の緩みが出てきても不思議はない。この日は、隼人方もすっかり警戒を解いてシーンと寝静まっていた。

源八らの同勢は、一様に鎖帷子《くさりかたびら》を着込み、小袖の上に、そろいの白木綿の羽織を着用していた。そして羽織の背中には丸に一文字の合印《あいじるし》が黒々と染め抜かれていた。のちに赤穂浪士が吉良邸に討ち入るに際して、一同うちそろって黒小袖を着用し、白木綿の合印を用いたのは、この浄瑠璃坂の例に倣ったものと言われている。

さて、討ち入った源八らは、手に手に松明《たいまつ》をかざし、

「火事だ、火事だ」

と口々に呼ばわって邸内に乱入した。

（ちなみに赤穂浪士もまた、この浄瑠璃坂の例に倣って、「火事だ、火事だ」と叫んで討ち入ったこと

はよく知られている)。

ところが、隼人方もこのときのため普請を凝らしていたものか、入り口が異常に狭く、そこへ持ってきて隼人の弟の九兵衛という者が十文字槍を振って立ちはだかったので、源八側も緒戦早々に苦戦を強いられた。ようやくのことで九兵衛を仕留め、勢いに乗って隼人の父・大学を討ち果たし、隼人方の侍十三人を血祭りに挙げたが、肝心の隼人の姿が見当たらない。しかし、源八側も六人が討ち死にし、早急に手当を要する手負いの者が五、六人もいた。

やむなく、いったん引き揚げることにし、手負いの者を戸板に乗せ、薄明の暗がりの中を、牛込の土橋のところまでやってくると、夜もしらしらと明けてきて、どうやら人の顔も見えるようになってきた。

すると、突如、暁の静寂を破る蹄《ひづめ》の音がして、振り返ると、馬煙を上げて押し寄せてくる一団があった。見ると騎上の奥平隼人を先頭とする二十人ばかりの追手が、はや目睫《もくしょう》の間《かん》に迫ろうとしている。

襲撃時、他家に宿泊していたため難を逃れた隼人が、源八らに一矢報いんと追撃してきたのである。隼人は抜き身の大身槍を引っさげ、また、隼人に従う徒歩《かち》の侍たちも、朝日にキラリキラリと輝く刀身を高々とかざして、ひた押しに押してくる。

源八側は長時間の激闘にすでに疲れ果て、しかも手負いの者を大勢抱えての応戦である。反対に隼人側は新手《あらて》の戦闘員を加えて士気はすこぶる旺盛だった。どうやら攻守逆転し、戦闘は隼人

昭和30年、東宝『復讐浄瑠璃坂』の討ち入り場面。奥平源八（中村扇雀＝現・坂田藤十郎）㊨と叔父の平野左門（嵐寛寿郎）

側の有利に見えたが、斬り合いが始まっていくらも経たないうちに意外なことが起こった。武芸自慢の隼人がどうしたことか、はずみで大溝の中にドッと転落し、若輩の源八にけもなく討ち取られてしまったのである。

数日後、源八らは桜田門外の大老・井伊掃部頭《かもんのかみ》直澄の屋敷へ自首して出た。源八らの行動は敵討ちと認められ、生き残った一党三十数人のうち、奥平源八、夏目外記、奥平伝蔵の首謀者三人が遠島になっただけで、あとはお構いなしとなった。しかも六年後の延宝六年（一六七八）には三人とも赦免になり、待ち構えていた諸大名が争って源八らを召し抱えた。

プレ忠臣蔵としての浄瑠璃坂の敵討ち

以上が、浄瑠璃坂の敵討ちの顛末だが、この事件と三十年後の忠臣蔵事件には多くの類似点がある。

刃傷の発頭人で切腹して果てた奥平内蔵允は、さしずめ浅野内匠頭といったところだろうし、相手方の奥平隼人は言うまでもなく吉良上野介である。このとき二人を押し隔てて刃傷を未遂に終わらせた大力無双の侍・兵藤玄蕃の役どころは、浅野内匠頭を後ろから抱き止めた忠臣蔵の梶川与惣兵衛にぴったりである。

敵《かたき》を討った奥平源八は、大石内蔵助と言いたいところだが、源八はまだ前髪の少年だったので、相当の大身の嫡男であることや、その若武者ぶりなどから考えて、ちょうど赤穂浪士の最年少者で、討ち入りのときは裏門隊の総大将だった大石主税あたりに擬《なぞら》えるのが一番ふさわしいかもしれない。

大石内蔵助に相当するのは、討ち入りの指揮を執った叔父の夏目外記あたりであろう。ただし、直木三十五《さんじゅうご》などは、討ち入りの事実上の立役者は参謀役の桑名頼母という人物で、その智謀の周到さは大石内蔵助にも匹敵すると言っている。

また、刃傷が未遂に終わったこと、一方は切腹して果てたこと、刃傷事件を収拾するに際しての裁きが片手落ちであったこと、事件の決着がいずれも江戸に持ち越されたこと、襲撃する側、防戦する側、合わせて百人以上の人間が入り乱れて戦うという大事件に発展したことなど、すべてが絵に描いたようにぴったりと符合する。

忠臣蔵事件に関して言えば、大石内蔵助が吉良邸に討ち入るに際して敵味方の区別がすぐつくように、あらかじめ合言葉を定め、合印を用いたこと、仇討ち本懐を遂げたあと幕府に名乗り出て裁きを待ったことなどは、明らかに浄瑠璃坂の敵討ちの例に倣い、これを手本とした形跡がある。その意味では浄瑠璃坂の敵討ちは、〝プレ忠臣蔵〟とでも言うべき性格をすべて兼ね備えており、この事件との比較で赤穂浪士の討ち入りを再点検してみるのも無意味ではないはずである。

なお、文中では慣用に従って浄瑠璃坂の敵討ちとか、仇討ちという言葉を用いてきたが、むしろその実態は対立する両陣営の抗争事件である。一般に敵討ち、仇討ちと言われている事件も、その内実は血なまぐさい復讐や抗争事件であることを忘れてはならない。それが時の権力者なり支配体制によって、儒教的な忠孝道徳の宣揚に役立つと判断されたとき、初めて敵討ちとか仇討ちといった名称が与えられるにすぎない。それが仇討ちか否かを判定する客観的な基準が存在するわけではない。

赤穂浪士の行動を幕府が判定する場合がそうであった。

赤穂浪士の行動そのものは、決して幕府の歓迎するところではなかった。むしろ赤穂浪士の行動は幕府権力を蔑《ないがし》ろにする不埒千万《ふらちせんばん》な行為であった。だが、そのとき赤穂浪士の行動はすでに否定しがたい既成事実になってしまっていた。加えて世の評判はこぞって赤穂浪士支持に傾き、助命運動までが沸き起こってくる始末。やむなく赤穂浪士の行動を仇討ちと認めて、彼らに義士の栄誉は与え、しかし徒党を組んで飛び道具まで持参し、つい先頃まで幕府の高官だった人間を殺害した罪は軽からずと切腹を命じるのが、権力維持の観点からも最も有利と幕府は判断したのである。

もし、このときの政治状況が微妙に食い違っていれば、幕府は赤穂浪士の行動を仇討ちとは認めず、お膝元で騒乱を企てた不逞の輩として斬首極刑の厳罰をもって臨むことも十分にあり得たのである。

浄瑠璃坂の映画化作品

それでは浄瑠璃坂の敵討ちを題材にした映画化作品があるかと言えば、忠臣蔵ほどではないが、一つ、二つ例がないわけではない。

戦前は昭和四年（一九二九）、東亜、後藤岱山《たいざん》監督による『仇討浄瑠璃坂』前・後篇があり、戦後は昭和三十年（一九五五）、東宝、二川文太郎・並木鏡太郎共同監督の『復讐浄瑠璃坂』第一部・第二部がある。どちらも、期せずして直木三十五の有名な小説『浄瑠璃坂の仇討ち』を原作としているのが共通点である。

戦後の『復讐浄瑠璃坂』二部作では、討ち手側の前髪の若武者・奥平源八を、当時の中村扇雀（現・坂田藤十郎）が演じ、源八を助ける叔父の平野左門を嵐寛寿郎が演じていた。この映画の場合は、平野左門が忠臣蔵の大石内蔵助に相当する敵討ちの立役者である。

吉良上野介に当たる憎まれ役・奥平隼人には岡譲司が扮し、家柄と武芸の腕前を鼻にかけた剛毅、傲慢不遜な性格を大変うまく演じていた。戦後はあまりパッとした作品がない岡譲司の一種のはまり役と言ってよい。

隼人側の参謀・軽部伊織役で大河内伝次郎も出演。この役は、いうなら大石内蔵助とがっぷり

昭和30年、東宝『復讐浄瑠璃坂』。左から大河内伝次郎、中村扇雀（現・坂田藤十郎）、嵐寛寿郎

四つに組む上杉家の家老・千坂兵部といったところである。

この映画では、源八が敵の隼人の妹・菊乃（扇千景）と恋仲だったり、源八側の奥平伝蔵（徳大寺伸）の妹・千万路《ちまじ》（筑紫まり）が隼人側の奥平主馬允（尾上栄五郎）に嫁いでいたり、両家の抗争によって引き裂かれる悲恋物語や女の不幸もきっちりと描かれているのが特色である。

源八側の若党・惣平（沖諒太郎、後の島田竜三）と相思相愛の腰元・千春（中村玉緒）が、隼人の末弟・九兵衛（平田昭彦）のもとへ間者として入り込むエピソードなどは、忠臣蔵映画でもよくある挿話である。

忠臣蔵も悲惨な物語が多いが、この『復讐浄瑠璃坂』は、本当に悲惨な話が多い。

まず夫の奥平主馬允が源八方の待ち伏せに遭って落命すると、妻の千万路も自害して果てる。

ラストの浄瑠璃坂の乱闘では、源八側の平野左門に一騎討ちの勝負を挑んだ隼人側の軽部伊織は、左門に大刀を叩き折られてしまい、もはやこれまでと観念し、残った小刀で割腹自決する。

そして隼人が源八に討ち取られてしまうと、隼人の父・大学と隼人の妻女も共に自害して果てるという悲惨極まりない結末であるが、それを描く二川文太郎・並木鏡太郎両監督の演出は非常に手堅く、格調が高い。

なお、この映画では奥平源八を源八郎、奥平主馬允を主馬としていたが、文中では煩を避けるため、源八、主馬允で統一した。

とにかく浄瑠璃坂の敵討ちは、忠臣蔵に匹敵する大掛かりな討ち入り事件であり、映画やテレビドラマなどにも、もっと取り上げられてよい事件だと思う。

第五章　刃傷事件の余波

後ろから抱き止めた男

元禄十四年（一七〇二）三月十四日、浅野内匠頭が殿中松之廊下で吉良上野介に斬り付けたとき、内匠頭を後ろから抱き止めて、刃傷を未遂に終わらせた旗本の梶川与惣兵衛は、その機敏な措置が賞美されて知行五百石の加増を賜った。

七百石の旗本から一気に千二百石の大身に……。大変な出世である。しかし、梶川与惣兵衛は、その喜びもつかの間、思わぬ世間の指弾を浴びることになる。

よい事に見ぬ振《ふり》はせぬ与三（惣）兵衛　匠切《たくみきつ》たで加増一倍

梶川がたくみおさえし今度《このたび》の　はたらきゆへに知行取増《とりぞう》

二つとも当時もてはやされた落首だが、事件後の、梶川への世間の風評は、大方このようなものであった。言うまでもなく「与三兵衛」は「与惣兵衛」のことであり、二首目の「たくみおさえし」は、内匠頭の「たくみ」を「巧み」と懸けたものである。

一見して分かるように、事件そのものを社会時評的に風刺することより、たまたまその場に居合わせた偶然から、思わぬ幸運を摑んだ梶川を皮肉ることに興味が集中している。

世間はこぞって梶川を、「なぜ斬らせてやらなかったのか。武士の情けを知らぬにもほどがある」と非難したが、破格の栄進をした梶川に対する妬みや羨望が、彼への批判を一層強めたことは否定できない。

佐野善左衛門の殿中刃傷事件

これよりのちの天明四年（一七八四）に、旗本の佐野善左衛門が幕閣随一の出頭人《しゅっとうにん》たる老中・田沼意次《おきつぐ》の嫡男で若年寄の田沼意知《おきとも》を殿中で刺殺するという大事件が起きたが、このときは側にいた大目付の松平対馬守が佐野を組み止めた。ただ、対馬守は、まず佐野に存分に斬らせ、佐野が思いを遂げたのを見届けてから抱き止めた。

意知はその場では絶命しなかったが、気息奄々《えんえん》たるまま駕籠で屋敷に逃げ帰り、一週間後に息を引き取った。このときの対馬守の処置が、武士の本分にかなうものとして、えらく世間に褒めそやされた。

現代でも、この松平対馬守の例を持ち出して、梶川与惣兵衛が武士の配慮に欠けていたと非難する論者もいることはいる。

しかし、佐野善左衛門の刃傷事件は、浅野内匠頭の刃傷事件の八十三年も後のことであり、対馬守の行動に照らして梶川の行動を量るのは、本末転倒と言わざるを得ない。

ただ、佐野のときは、殺された田沼意知が、いわゆる賄賂政治の元凶とも言われ、権力の絶頂にあった田沼意次の嫡子だったこともあって、世間はそれ見たことかと溜飲を下げた。

父親の意次も、この事件あたりを境に急速に権力を失い、二年後の天明六年についに老中職を罷免され、所領五万七千石のうち二万石を没収された。翌七年には、さらに所領二万七千石没収、遠州相良の城地召し上げ、そして蟄居謹慎と、まるで急坂を転げ落ちるような転落の一途をたどり、意知の死から四年後の天明八年には失意のうちにこの世を去った。一代の栄誉を誇った権勢家のあまりにも変わり果てた末路である。

こうしたことから、庶民は物事の一斑のみを見て、佐野善左衛門を「世直し大明神」などと呼んで、あたかも田沼父子の悪政から民衆を救ったかのようにはやしたが、事実は少しばかり違って、佐野を刃傷に駆り立てたものはそうした公憤や正義感の類ではなく、全く個人的な私怨によるものだった。

刃傷の原因は、意知が佐野の系図や家宝を取り上げて返さなかったためとも、意知の家来が佐野家の「佐野大明神」の名を勝手に「田沼大明神」と変えて横領してしまったためとも言われる。

また、佐野は意知に賄賂を贈って栄達を図ろうとしたが、意知は幾度も賄賂だけを受け取って、佐野の期待をかなえてやらなかったためとも言われるが、真相のほどははっきりしない。

それでは、内匠頭の刃傷の際、梶川が取った行動は、佐野の事件の対馬守が取った行為に比べて、武士の配慮に欠けた行為だったのか。他に取るべき方法があったのか。

梶川が遭遇した刃傷事件

ここでちょっと内匠頭の刃傷の場面を再現してみる。

後ろから足音もけたたましく吉良上野介に追いすがった内匠頭は、

「この間の遺恨、覚えたるか！」

と、ひときわ高く叫んだかと思うと、腰なる備前長船長光《おさふねながみつ》作の小刀《ちいさがたな》一尺七寸を抜き放ち、

（何事ぞ？）

と振り返った上野介の顔面めがけて真っ向から、恨みの一刀を打ち下ろした。上野介の額が朱を噴《ふ》き、真新しい畳に鮮血が飛び散った。

盛典の江戸城は一瞬のうちに修羅場に変わった。上野介は、

「これは！」

と悲鳴を上げ、驚きあわてて逃げ惑う。その後ろ姿に再び内匠頭の白刃が浴びせられ、背中の大紋がパックリと割れた。

事件が起こったのは、梶川与惣兵衛がちょうど上野介と用談を始めたばかりのときだった。従って斬り付けてきた内匠頭との距離も、至近距離などという生易しいものではない。本当に目と鼻の先での刃物沙汰だった。

この場合、梶川の一挙手一投足は、後に必ず評価の対象とされる。封建社会、武家社会における、あるいは幕藩体制におけるその評価と賞罰の厳しさは、こんにちの想像をはるかに超えている。

かりに梶川が内匠頭の刃傷事件に出会《しゅつかい》して、手をこまねいて傍観していたとすると、これはもう、間違いなく譴責《けんせき》の対象となる。譴責で済めばいいほうで、閉門、謹慎、減封、悪くすれば、もっと厳しいお咎めを受けたかもしれない。

というのは、内匠頭の刃傷は、江戸時代に起こった刃傷事件の中でも、まず最悪例と言ってよいからである。京都から勅使をお迎えしての最も大切な儀式が行われる当日の刃傷事件であり、しかも事件を起こした当人が勅使を接待すべき供応役の任にある内匠頭自身であったことは、ほとんど致命的であった。

幕府の体面のみを考える将軍・綱吉や幕閣のお歴々から見れば、内匠頭に情状酌量の余地など微塵もなく、即刻、厳罰あるのみだった。内匠頭に厳罰が下れば、至近距離にいて刃傷を阻止しなかった梶川もまた、当然、厳罰は免れないところである。

ちなみに佐野善左衛門の刃傷事件のときは、その場に居合わせた佐野の同僚四人が刃傷を止めなかったとして処罰され、さらに近くにいた目付二人までもが同様の処罰を受けている。そのほか、結局、この事件に関連して処罰された者が二十人以上にも及んだことから見ても、当時の幕府の処罰がいかに厳しいものであったかを、うかがい知ることができるだろう。

それに佐野を抱き止めた松平対馬守の場合は、佐野が意知に恨みをいだく理由を、世間のうわさなどで多少は知っていたかもしれないが、梶川の場合は、内匠頭と上野介の間に果たしてどんな経緯《いきさつ》があったのかも知らず、いきなり刃傷事件に遭遇したのである。気が付いたときには、もう内匠頭の脇差が一閃して上野介の面体に炸裂していた。咄嗟《とっさ》のことであり、内匠頭の心中を忖度《そんたく》している暇などあろうはずもない。それこそ一秒を争う動作が必要だったのである。

これが、梶川与惣兵衛が遭遇した刃傷事件だった。

梶川は自分が遭遇した内匠頭の刃傷事件の一部始終を記した『梶川与惣兵衛筆記』に、こんなことを書いている。

「自分はたまたまその場に居合わせた立場上、是非なく、内匠頭殿を抱き止める羽目になってしまったが、上野介を討ち留めることができなかった内匠頭殿は、さぞ残念至極であったろう」

梶川与惣兵衛は、吉良上野介に斬り付けた浅野内匠頭を後ろからがっしりと抱き止める。写真は昭和57年のNHK大河ドラマ『峠の群像』

内匠頭を抱き止めたときは、急場のことでもあり、善悪の判断に及ぶ暇もなく、ただただ無我夢中で組み止めたが、時日《じじつ》が経って、心の平静を取り戻すと、梶川の心の中にも次第に内匠頭への惻隠《そくいん》の情が湧いてきて、このように記したものと考えられる。

が、梶川はそのあとですぐ、

「しかし、それはあくまでも同じ武士である内匠頭への個人的な同情であり、憐憫の情であって、公務においては私情に流されることは許されない」

とも記している。

つまり、梶川は、将軍に忠勤を尽くすことを本分とする幕臣としては、将軍家にとって最も大切な勅答の儀式の日に、狼藉をはたらく者があれば、これを取り押さえるのが当然の義務ではないか――と、こう言いたいのであろう。

しかし、梶川の中には、自分が組み止めたため、上野介を討ち果たすことができなかった内匠頭に対しては、自分でも説明のつかない負い目のようなものが後々まで尾を引いていたことは確かである。「本当にあれでよかったのか。ほかに取るべき方法もあったのでは……」と。

梶川与惣兵衛もまた、自分が取った行動によって、重い十字架を背負うことになったのである。人は人生のさまざまな局面で、思わぬ事件に遭遇する。切迫した状況のもとに、突発的に降りかかってくる、避けようもない事件である。しかも、それは必ずと言ってもよいほど、一方を取れば一方が立たずといった、われわれを躊躇させ、混乱させ、行動を戸惑わせる厄介な側面を持って生起してくる。こうした危急の場面に直面したとき、人はいかに行動すべきなのか。いかに生きるべきなのか。

われわれは切羽詰まって、つい、そうした問いを暗夜に投げかける。

しかし、それはすでに安易な答えを許さない、厳しく、深遠な、人生永遠の課題である。

映画の中の梶川与惣兵衛

梶川与惣兵衛は浅野内匠頭を抱き止めたとき五十五歳であった。そのため映画では、初老もしくは老齢に近い俳優が演じることが多かった。ところが忠臣蔵映画が下火になり、それに代わって今度はテレビドラマの忠臣蔵が毎年のように登場するようになると、梶川与惣兵衛を演じる俳優の年齢・体格・風貌に若干の変化が表れてきた。映画とは違って初老もしくは老齢の俳優ではなく、筋骨たくましい屈強な壮年もしくは中年の俳優が演じることが多くなってきたのである。

じつは、これには理由がある。

浅野内匠頭は刃傷事件を起こしたとき、三十五歳の壮年だった。この時代は人生五十年と言われた時代なので、三十五歳はもう立派な分別盛りである。ところが、内匠頭は思慮分別を失って上野介に斬り付ける役柄なので、分別盛りの印象では、ちと具合が悪い。そこで映画の中の内匠頭というのは、実年齢よりはもう少し若く、血気盛んな二十代後半の青年大名といったイメージで演じられてきた。

が、そうなってくると、二十代後半の血気盛んな内匠頭が、当時としてはすでに老齢に近い五十五歳の梶川にいとも簡単に取り押さえられたのでは、誠に恰好がつかないことになってしまう。それでは満天下の女性の紅涙を絞る悲劇の主人公である内匠頭の、と言うよりは内匠頭を演じるスター俳優の面目が立たない。

抱き止めた男が筋骨隆々たる大男であれば、さすがに判官びいきの視聴者も納得するのではないか。およそ、このような理由から梶川与惣兵衛を演じる俳優の年齢・体格・風貌に変化が生じてきたと考えられる。

講談などで梶川がよく、「名代の大力」とか「大力無双」などと形容されるのも、以上のような理由によるものである。実際の梶川与惣兵衛が大力だったわけではない。

ところで、これまでのところ梶川与惣兵衛は映画の中ではいつもほんの端役で、重要な人物として登場したことは、ただの一度もない。

昭和36年、東映『赤穂浪士』。左端が浅野内匠頭（大川橋蔵）、中央は吉良上野介（月形龍之介）、右端にいるのが梶川与惣兵衛（宇佐美淳也）

唯一の例外は昭和三十二年の、松竹、大曽根辰保監督『大忠臣蔵』である。じつはこの映画に出てくる加古川本蔵（坂東蓑助＝八世三津五郎）が、実説で言う梶川与惣兵衛のことである。しかし、残念なのは、この映画で描かれているのは歌舞伎の加古川本蔵の話であって、実説の梶川与惣兵衛の話ではないことである。

浅野内匠頭を抱き止めたことによって、異例の出世をし、またそのことによって、世人の嫉視と羨望を買い、自身も大いに煩悶せざるを得なかった梶川与惣兵衛のことを描く映画も一本ぐらいはあってもよいのではないか。

内匠頭の刃傷を未遂に終わらせた憎っくき人物として赤穂浪士に斬られるテレビドラマなどはあったが、梶川与惣兵衛が映画の中でまともに取り上げられた例を、寡聞にして私は知らない。

映画に描かれた佐野の殿中刃傷事件

が、さきほど述べた田沼意知を殿中で刺殺した佐野善左衛門を描いた映画ならある。

昭和三十二年、松竹、大曽根辰保監督『大江戸風雲絵巻　天の眼』である。この映画は、世に名高い田沼意次（小沢栄太郎）・意知（山内明）父子の悪政に挑む義賊の業平《なりひら》小僧（高田浩吉）や、正義派の旗本・佐野善左衛門（田村高廣）、改革派の政治家・松平定信（松本幸四郎＝白鸚）の活躍を描く大作時代劇である。

そして、この映画の悲劇の主人公・佐野善左衛門は清廉潔白で一本気な青年武士であり、まるで忠臣蔵の浅野内匠頭を思わせる。最後に佐野に刺殺される田沼意知は前述したように時の老中・田沼意次の嫡男で、自身、若年寄の要職にある。しかし、佐野と意知はかつて同じ女性・雪江（嵯峨三智子）を妻にと望んだが、彼女は佐野を選んだため、意知は恋の敗者になってしまった。

そうしたこともあって意知は折に触れて佐野に辛く当たり、佐野家重代の家宝である旗指物《はたさしもの》を、「貸してくれ」と言って取り上げたまま、佐野の返却要求にも応じようとしない。

さて、佐野の刃傷場面における大廊下の襖には見事な松の絵が描かれているので、所も忠臣蔵と同じ松之廊下である。広い庭に面し、長い鍵型に曲がった大廊下がはるか彼方まで続いている。

実際、これを松之廊下と言わずして、なんと呼ぶべきであろう。

「暫く、暫く、ご老中様にお願い申し上げます……」

佐野は、老中評議の席から退出してくる田沼意次と意知の前に平伏して、旗指物の返却を懇願する。佐野はこの日、貸したはずの旗指物が田沼意次の家宝として城中に麗々しく陳列されているのを見て、びっくり仰天したのである。

昭和32年、松竹『大江戸風雲絵巻　天の眼』の佐野善左衛門（田村高廣）㊧と松平定信（松本幸四郎＝白鸚）

「黙れ、あれは田沼家重代の家宝じゃ」

「いや、お貸ししたまでのこと……」

佐野と意知との間に二、三押し問答があったのち、意知は、「下役の分際で無礼な！」とか、「作法をわきまえぬ不届き者め！」とか、さんざん悪罵した挙句、佐野の胸を思い切り足蹴にする。

「おい、このような乞食侍《こじきざむらい》に構うでない」

意次は憎々しげに言い放つと意知を促し、二人連れだって去っていく。

屈辱に耐えかねた佐野は、とうとう腰の小刀を抜き放って意次・意知を追いかける。このへんは浅野内匠頭の刃傷事件そのままだ。追いすがった佐野はまず意知の脇腹を深々と刺し貫き、次いで意次の面体に斬り付ける。

あわてふためいた意次が、そこへきた新参老中の松平定信（松本幸四郎＝白鸚）に縋《すが》り付くと、定信はこれを「けがらわしい！」と言わんばかりに冷たく突き放す。定信は田沼意次の賄賂政治を正すために立ち上がった正義派の政治家であり、常日頃から佐野を同情的なまなざしで見つめていたのだった。

この定信の役どころは、まるで忠臣蔵の脇坂淡路守そっくりである。淡路守は、映画の中ではいつも、内匠頭に斬られ、あたふたと逃れてきて彼に突き当たった上野介を、「無礼者め！」と中啓《ちゅうけい》（扇）でしたたかに打ち据え、観客の溜飲を下げる儲け役であり、戦後は市川右太衛門とか中村錦之助（萬屋錦之介）といった超人気スターが演じている。

映画から離れて再び歴史に戻ると、それまでの田沼政治に対する強い反発があったのか、幕府は佐野になかなか切腹を命じなかった。しかし、意知が一週間後に息を引き取ったため、やむなくと言うか、佐野にも切腹を申し渡した。もし、意知が命を落とさなければ、佐野は切腹にはならなかったかもしれない。

これに対して内匠頭の場合は、吉良上野介の命には別状がなかったにもかかわらず、即日切腹を申し渡され、その日のうちの執行となった。

〝制服時代劇〟としての忠臣蔵

忠臣蔵・新選組・次郎長一家

戦前・戦後を通じて最も多く作られ、最も人気のある時代劇映画が忠臣蔵であることは何度も書いた。では次に映画化本数が多く、人気のある時代劇映画は何かと言うと、それは水戸黄門や遠山の金さんなどのシリーズものを除けば、まちがいなく新選組と清水次郎長である。

忠臣蔵と新選組と清水次郎長、これが日本の時代劇映画の全盛時代に繰り返し繰り返し作られ続けてきた、いわば時代劇映画の〝三種の神器〟である。

片岡千恵蔵、市川右太衛門、中村錦之助、大川橋蔵、大友柳太朗、東千代之介、美空ひばり、月形龍之介と時代劇スターを綺羅星《きらぼし》のごとく抱え、時代劇のメッカだった東映は、昭和三十年代の時代劇全盛時代に総力を結集したオールスター時代劇を十一本製作したが、そのうちの三本までが忠臣蔵で、なんと清水次郎長はそれを上回る四本だった。

さすがにオールスターの新選組映画は作らなかったが、片岡千恵蔵を主演に多部作ものの新選組映画や豪華キャストによる新選組映画を何度も作った。

東映は超大作のオールスター映画のほかにも中級の忠臣蔵、新選組、清水次郎長映画を、手を替え品を替えて、それぞれ何度も製作した。

この時代、東映の次に時代劇を多作したのは、長谷川一夫、市川雷蔵、勝新太郎と三大時代劇スターを擁する大映だったが、その大映が作った超大作のオールスター映画もまた『忠臣蔵』と『次郎長富士』『続次郎長富士』などの清水次郎長ものだった。

時代劇映画が衰退すると、それに代わって今度はテレビが時代劇ドラマを多作するようになるが、忠臣蔵と新選組と清水次郎長は相変わらずの人気で、時代劇の〝三種の神器〟は、いまだに健在である。

〝制服〟が喚起するもの

忠臣蔵、新選組、清水次郎長に共通するものは、ただ一つ、それは〝制服時代劇〟であるという点である。

忠臣蔵映画のフィナーレは、お揃いの火事装束、つまり〝制服〟に身を包んだ赤穂浪士の吉良邸に討ち入りと相場は決まっている。

新選組も、白のだんだら模様の羽織、つまり〝制服〟を靡《なび》かせて勤皇浪士が集まる池田屋に斬り込み、敗色の濃い鳥羽・伏見の戦いに出陣していく。

そして清水次郎長の清水一家もお揃いの三度笠、お揃いの合羽《かっぱ》、お揃いの旅姿、つまりは〝制服〟姿で富士の見える東海道を旅し、あるときはお揃いの浴衣姿で敵地に殴り込む。

おなじみ赤穂浪士の討ち入り装束。写真は昭和36年、東映『赤穂浪士』

このように忠臣蔵も新選組も次郎長一家も〝制服〟が〝売り〟であり、特に映画ではすでに確固不易の定番となっている。日本人が忠臣蔵や新選組や次郎長一家を好む理由の一斑は、どうやらこの〝制服〟にありそうだ。

それでは〝制服〟とは一体、なんなのか。日本人はなぜ〝制服時代劇〟が好きなのか。それは〝制服〟というものの持つ、帰属意識に関連があるのではないか。

日本社会は昔も今も本質的にグループィズムである。個人主義を認めず、集団的な和合と結束を尊ぶ。

けれども、その一方では、日本人は束縛から断ち切られた自由に憧れもする。

縞の合羽に三度笠、足の赴くまま、旅から旅への気ままな生活を送る『沓掛時次郎』や『雪の渡り鳥』や『弥太郎笠』といった股旅ものの人気は、明らかに土地や地域に縛られ、集団や組織に縛られた日本人の自由への願望に支えられたものである。

しかし、それはごく空想的な願望であって、現実生活においては日本人はやはり「寄らば大樹の陰」である。確固とした集団や組織に帰属することによって自己のアイデンティティーを得、安心感を得るというのが、日本人の変わらぬ生き方であることは言うまでもない。

一見したところ、忠臣蔵と新選組と次郎長一家には、それが〝制服時代劇〟であるということ以外には共通項は見当たらない。

が、忠臣蔵映画のクライマックスは吉良邸討ち入りであり、そして多くの新選組映画のクライマックスは池田屋斬り込みである。吉良邸討ち入りは真冬、一方の池田屋斬り込みは真夏で、両者は全くの正反対であるが、雪を蹴って吉良邸へと向かう赤穂浪士の姿と、祇園ばやしの鉦《かね》の音を背に池田屋へと向かう新選組の姿には、どこか似通ったものが感じられなくもない。それは、ともに乾坤一擲《けんこんいってき》の勝負に向かう者たちの真剣さとか、生死の分かれ目に臨む者たちの緊張感といったものであろうが、一度、こんなことがあった。

あれはなんであったか、ともかく映画館で新選組映画を観ていたときのことである。池田屋斬り込みを終えた新選組の引き揚げのシーンだった。彼らのだんだら模様の隊服は血に染まり、鉢《はち》巻《まき》にも血が付いている。負傷した者を抱えながら行く者もいる。彼らは詰めかけた京都市民が見守る中を、隊伍を組んで歩武《ほぶ》堂々と引き揚げていく。

私は思わず、あることを連想して、

「あっ！」

と声を上げそうになった。するとそれとほとんど同時に、すぐ後の席から、

「まるで忠臣蔵みたい！」

と若い女性客の声が上がった。

この女性には新選組隊士の引き揚げの様子が、江戸庶民が見守る中を堂々と隊伍を組んで吉良邸から引き揚げていく、あの赤穂浪士とそっくりに見えたのである。血染めの装束や血染めの鉢巻で、負傷者を抱えながら——。

それは実は私が感じたこととそっくり同じだった。

〈サクセス・ストーリー〉と〈滅びの美学〉

では、新選組映画と次郎長映画には、なにか共通点はあるだろうか。

多くの新選組映画の前半は、多摩の百姓出身の近藤勇や土方歳三が剣術の腕だけを頼りに出世の階段を上っていく〈サクセス・ストーリー〉であり、次郎長物語もまた米屋の養子の次郎長が一人一人子分を従え、次第に街道一の大親分にのし上がっていく〈サクセス・ストーリー〉である。

その意味では、清水次郎長はやくざ版の出世物語、つまり『太閤記』であり、ちょうど中小企業が大企業に成長していく日本の高度経済成長時代の社会的気分に呼応したものである。

しかし新選組には、のし上がったのちの、鳥羽・伏見の戦い、甲州の戦い、五稜郭の戦いと続く惨憺たる敗北の歴史があり、おそらく、この部分は『平家物語』的な〈滅びの美学〉に通じるものであろう。つまり新選組は『太閤記』的な〈サクセス・ストーリー〉の部分と、『平家物語』的な没落の歴史の両方を併せ持つ物語なのである。幕末の武闘集団、テロリスト集団であるはずの新選組が意外なほど人気があるのは、そのへんに理由があるのかもしれない。

じつは日本人には、『太閤記』的〈サクセス・ストーリー〉を好む心理と、『平家物語』的な〈滅びの美学〉を好む心理との、矛盾した二つの傾向があり、この矛盾は、そのまま日本人の精神構造を反映しているものと考えられる。

〈サクセス・ストーリー〉は、おおむね日本人の「勝てば官軍」式の現実的な価値観を代表し、一方の〈滅びの美学〉は、日本人の判官びいきや、敗者を哀悼し賛美する日本的な精神傾向を代表するものである。

そして忠臣蔵、新選組、清水次郎長に共通するものは、同じ集団に属する者たちの一致した価値観、一致した行動目的である。あるいは同じ釜の飯を食い、寝起きを共にしてきた者たちの一種の家族意識と言ってもよい。忠臣蔵の討ち入り装束と、新選組のだんだら模様の隊服と、次郎長一家の揃いの旅姿は、その端的な象徴である。

私たち日本人の中には、どこかに〝制服〟に対する根強い憧れや郷愁のようなものがあって、それが忠臣蔵や、新選組や、次郎長一家への共感となって表れるのではないだろうか。

第六章　元禄十四年の日蝕

元日の日蝕

元禄十四年（一七〇一）の元日は、不吉な日蝕《にっしょく》とともに始まった。旧年の夜が明け、やっと新年の曙光が差しそめたかと思った途端、突然、日が欠け始め、再び地上に闇が訪れた。

まさに新年早々の不吉な現象であった。一説によると、日蝕がなぜ起こるのか、当時すでに学問的には知られていたという。しかし、それを太陽と月が重なるため起こる天体現象として冷静に受け止めていたのは、一部の識者の間でだけだろう。江戸時代の多くの人々はそれを、まだまだ迷信深い吉凶に結び付けて考えていたのである。

一瞬にしてお屠蘇《とそ》気分を打ち破られた江戸の市民は、上は大名諸侯から下は長屋の住民まで、

ひとしく恐怖におびえ、

「これはきっと不吉なことが起きる前兆に違いない……」

と声をひそめて噂し合ったという。

はたせるかな、この年の三月には、大典の江戸城を血で染めた浅野内匠頭の刃傷事件が出来《しゅったい》して天下に衝撃を与えた。このため、江戸の町々には、内匠頭の刃傷と元日の凶兆を結び付けてささやき合う声が溢れて絶えなかったという。

この元禄十四年の日蝕は、江戸にいた浅野内匠頭や吉良上野介の心にも少なからず動揺を与えたと考えられる。しかし、このときはまだ内匠頭も上野介も、両人の運命を大きく狂わせ、そして結局は、両人の命を奪うに至った、あの江戸城松之廊下の凶変のことなどは到底知るべくもなかった。

元禄14年の元日は不吉な日蝕から始まった

鉄砲洲（現・東京都中央区明石町）浅野屋敷の内匠頭は、元日早々の凶兆にすっかり怯えてしまった妻の阿久里《あぐり》（後の瑤泉院）をなだめながら、急速に欠けていく日蝕を不安げに見守っていたことだろう。早朝の異変を聞きつけて、なにはともあれ主君のお側へと伺候《しこう》した近習《きんじゅう》の片岡源五右衛門や礒貝十郎左衛門も、暗くなった部屋に燭台を立てながら、御家になにか不幸が起こらなければよいが、としきりに案じていたにちがいない。

一方、呉服橋（同中央区八重洲付近）吉良屋敷の上野介も、家来の小林平八郎や清水一学を従えて廊下の軒下まで足を運び、早暁の寒気に着物の襟を掻き合わせながら、暗くなった東の空を見詰めては、ただ呆然と立ち尽くしていたことだろう。

この元日早々の日蝕は、ほとんど日本全国で見られたというから、浅野家の国元、播州赤穂の大石内蔵助も、まず間違いなく見たと考えられる。このときから三月《みつき》足らずの三月には、主君・内匠頭切腹、浅野家断絶の凶報を持った早駕籠が赤穂の地を訪れることになるとも知らず……。

破局への序曲

しかし、破局への序曲は、このときすでに始まっていたと言える。この年も朝廷への年賀使を拝命していた上野介は、新年早々の十一日にはあわただしく行列を整えて上洛の途に就かなければならなかった。まさに正月気分もそこそこの出立《しゅったつ》である。

上野介はこのとき六十一歳。将軍の名代として年賀使を務めること、すでに十五度に及んでいた。このほか幕府のお使いとして京の都へのぼった経験が九回もあり、いわば今回のお役目も、上野介にしてみれば礼法、格式ともに隅々まで知り尽くした楽なお務めにすぎなかった。それでも、もはや官位を極めて安逸な生活に慣れ親しみ、かつ老体の上野介にとって、冬の東海道を駕籠に揺られてはるばると往復するのは、いかにも気の重いことではあった。

日数を重ねて京の都に到着した上野介は、二十九日には宮中に参内して天顔（天皇のお顔）を拝し、年賀使の役目を滞りなく済ませた。

また、このたびは将軍・綱吉の御母堂・桂昌院に従一位という高い位を賜るよう朝廷に働きかけていた最中だったので、その方面へのあいさつもまんべんなく済ませ、朝廷との連絡役としての手腕を遺憾なく発揮した。

こうした役目をこなしていくときの上野介は、まさに水を得た魚のごとく如才なく、江戸を発つときは今回のお役目を気が重いと思ったことなどまるで忘れてしまったかのように生き生きと振る舞っていた。このため、今回のお役目をすべて滞りなく相済ませ、上野介が帰府の途に就いたのは二月も二十四日になってからのことだった。

そして上野介が京を去った三日後の二十七日には、このたびの年賀使に対する答礼使として、朝廷は勅使ならびに院使を江戸に向け出発させた。これも例年の習わしであった。

一方、江戸の浅野内匠頭は、上野介の京都発向、そして勅使ならびに院使の東下《とうげ》に先立つ二月四日に、老中連署の奉書によって江戸城帝鑑の間に呼び出され、朝廷からの使者をもてなす勅使供応役を仰せつかった。内匠頭と一緒に召し出された伊予吉田城主・伊達左京亮は添役《そえやく》として院使の供応役を命じられた。また、接待の格式および礼節に関しては、諸事、高家肝煎《きもいり》の吉良上野介の指図を仰ぐよう、月番老中の秋元但馬守から内匠頭と左京亮に特にお達しがあった。

さきほども述べたように、将軍・綱吉は生母・桂昌院に従一位の位を賜るよう朝廷に働きかけている矢先だったため、今回の供応に当たっては、万が一にもお勅使方の機嫌を損ねることなどないよう、最大級のもてなしをしたいと考えていた。そうした事情もあって、勅使供応役を拝命した内匠頭にとっては、なんとも気の重い今回のお役目ではあった。

ちなみに従一位という位は、武家の女性としては破格の栄進であり、母親思いの綱吉としては、是非とも実現したい宿願でもあった。もしかしたら、このたび下向してくる答礼使から従一位叙任《じょにん》の感触が、それとなく得られるかもしれない。綱吉は答礼使の到着を一日千秋の思いで待ち望んでいた。

上野介の帰府を待つ内匠頭

他方、勅使供応役を仰せつかった浅野内匠頭は、帰宅してさっそく江戸家老の安井彦右衛門や、内匠頭のお供をして出府していた家老・藤井又左衛門にこの旨を告げ、急ぎ支度にかかるよう申し渡した。勅使の供応役を拝命することは、一応、家門の名誉とされていたが、供応にかかる費用をすべて自前で負担しなければならず、ひとしく財政難に苦しむ大名家にとって大変な出費となるものであった。

じつは浅野内匠頭は、これより十八年前の天和三年（一六八三）にすでに一度、勅使供応役を拝命し、諸事滞りなく役目を終えている。内匠頭はこのとき弱冠十七歳。従って内匠頭自身の記憶は鮮明でなかったとしても、浅野家にはこのときの勅使供応に関する家記録が残っていたと考えられる。

また、内匠頭の妻・阿久里の実家に当たる三次《みよし》浅野家の浅野土佐守が五年前の元禄九年に、やはり勅使供応役を務めているので、浅野家では三次浅野家にも問い合わせの使者を立て、勅使接待の準備に取りかかった。三次浅野家では、大切な婿殿が無事にお役目を終えることができるよう、勅使供応に要した御内証帳まで浅野家に貸し与えるなど最大限の助力を惜しまなかった。

しかし、幕府のインフレ政策による諸式《しよしき》（物価）の高騰は激しく、こと費用面から見る限り、十八年前の記録ではまったく心もとなく、五年前の記録ですら、その後の変動に照らして、何割か割増して考える必要があった。

また、儀典に関することにおいても、なお詳細にわたっては、老中からもお達しがあったごとく、指南役の吉良上野介の指示を仰がなくてはならないことは必定であった。

内匠頭は、三十五歳という年齢の割には世事に疎く、一本気で、およそ融通の利かない性格であった。内匠頭自身、そのことをよく承知していたので、不器用は不器用なりに、ただ誠実のみを旨として、役儀に精励するよりほかはないと堅く心に念じ、次第に募ってくる内心の焦りを抑えながら、ひたすら上野介の帰府を待ち望んでいたのである。

刃傷の原因

浅野内匠頭と吉良上野介の間には一体、何があったのか。運命の日がやってくる。昭和31年、東映『赤穂浪士』の内匠頭（東千代之介）㊨と上野介（月形龍之介）

浅野内匠頭が勅使供応役を拝命してから、刃傷事件が突発した三月十四日までの間に、内匠頭と吉良上野介との間にどんな経緯があったのか、正確なことは何も分からない。

しかし、帰府早々の吉良上野介を訪ねた内匠頭に対する上野介の態度は、すでに非常によそよそしいものであったと内匠頭の伝記『冷光君御伝記』は伝えている。

もとより、『冷光君御伝記』は、浅野本家が編纂した家記であり、当然のごとく、上野介の非を鳴らし、内匠頭を弁護する立場から書かれた書物であることは、一つ頭に入れておかなければならない。刃傷の経緯《いきさつ》についても、『冷光君御伝記』には、

「上野介は欲の深い人柄であったため、勅使供応役を務める大名はみな前もって進物を贈って教えを乞うていたが、内匠頭は

潔癖な性格だったので、『お役目を滞りなく終えた節にお礼をすればよろしい。あらかじめ音物《いんもつ》などを贈るのは、かえって失礼に当たる』と、勅使供応役を拝命したときは、ほんの形ばかりの付け届けをしただけだった。そのため上野介の仕方に段々よろしからざる仕打ちが見られるようになり、内匠頭の鬱憤はいやが上にも昂じていった」

と記されており、また、これが一般に信じられている刃傷事件の原因でもあるわけだが、厳密な意味では、この記載内容を当時の信用できる史料によって裏付けることはできず、真偽のほどは分からないというのが実情である。

内匠頭と上野介の間に、果たしてどのような心理的確執がわだかまっていたのだろうか。残念ながらその真相は、事件後、幕府が内匠頭をただ一度取り調べただけで、即日切腹させてしまったので、永久に分からなくなってしまった、と言うしかない。

さて、勅使ならびに院使は三月十一日に江戸に到着し、翌十二日は将軍とのご対顔、十三日には能の宴と歓迎の式事が続き、ついに運命の十四日がやってきた。

「この間の遺恨、覚えたるか！」

この日、上野介は、昼近くに行われる勅答の儀式を待って、他の高家衆と共に白書院に詰めていたが、老中方から呼び出しを受けて、いったん中座した。老中方の用向きを承って、御用部屋

を退出し、松之廊下に戻ってくると、使いの坊主がすり寄ってきて、

「あれにおられる梶川与惣兵衛殿が、暫時、ご用談をと申されております」

と告げた。

松之廊下の端の大広間近くにいる梶川与惣兵衛の姿なら、上野介が立っている場所からでも十分に見えた。それに梶川の用件がなんであるか上野介には分かっていた。

梶川が将軍家御台所の名代として勅使方のもとへ伺候する時刻のことで上野介に尋ねたいのだ。上野介の視線が自分の方へ注がれていることを知った梶川は、上野介の承諾を求めて丁重な会釈を送った。

上野介は「あい分かった」と坊主に軽くうなずき、おもむろに梶川のいる方へ歩み始めた。その風姿には高家筆頭たる式事典礼の権威者としての自信と威厳がみなぎっていた。そして、「なんなりと拙者に尋ねるがよい。教えて進ぜよう」と言わんばかりの愛想のよささえ感じられた。

上野介も、礼を尽くし、辞を低くして、教えを乞うてくる者に対しては、このように鷹揚かつ上機嫌なのであった。

ただ、このとき、上野介が梶川与惣兵衛のすぐ後ろ、大広間に近い障子ぎわに控えていた浅野内匠頭に果たして気が付いたかどうかは分からない。

上野介と梶川与惣兵衛は、双方から歩み寄り、ちょうど廊下の角柱から七、八間ばかりのところで出会い、件《くだん》の時刻について一言、二言話し始めた。

「この間の遺恨、覚えたるか！」。昭和33年、大映『忠臣蔵』の刃傷場面。浅野内匠頭は市川雷蔵、吉良上野介は滝沢修

そのときだった。上野介は背後からシュルシュルとけたたましく長袴の裾を引きずって足早に近づいてくる物音を聞いた。

（何事ぞ、騒々しい）

と振り返った瞬間、

「この間の遺恨、覚えたるか！」

大音声とともに上野介の頭上に白いものがキラリと光り、上野介は頭部に凄まじい衝撃を受けてのけぞった。

このときの様子を梶川は後にその『梶川与惣兵衛筆記』に、

「誰だか分からないが、上野介殿の後ろから、『この間の遺恨、覚えたるか』と叫んで、いきなり斬り付けてきた者があった」

と記している。あまりにも突然のことだったので、梶川も当の上野介も狼藉の主を瞬時には見確かめることもできなかったのである。

「驚いて見ると、それはなんとこの日の勅使供応役である浅野内匠頭殿であった」

あわてふためいて逃げまろぶ上野介の後ろ姿に、再び内匠頭の白刃が追いすがり、背中の大紋を真一文字に切り裂いた。

悲鳴――。

飛び散る鮮血――。

もつれ合う二つの影――。

咄嗟《とっさ》のこととて、考える暇もなく、梶川は無我夢中で内匠頭を後ろから抱き止めた。このとき梶川の運命の右手が、振りかざした内匠頭の脇差の鍔《つば》に当たり、梶川はその脇差ごとがっしりと内匠頭を組み止めたかたちになった。内匠頭はなおも上野介に追いすがろうともがいたが、このときすでに内匠頭を羽交い絞めに決めた梶川は盤石のように動かなかった。この瞬間、内匠頭の刃傷は未遂に終わったのである。

厳粛たるべき勅答の儀式の当日に、しかも勅使供応役の大任にある浅野内匠頭が刃傷事件を起こしたと聞いて、将軍・綱吉は激怒した。わが母に従一位の御位を賜わるべく奏請中のこのときに、朝廷に対し奉り大不敬に当たる刃傷事件を起こすとは、なんたる不届き、断じて許しがたい――と。

殿中で刀を抜いた内匠頭の切腹は決定的だった。しかし、この内匠頭の死が、一年と十か月後(閏月を含むため)に上野介の命をも奪う結果となったことは、すでに歴史の知るところである。

刃傷事件と日蝕

東の空に差しそめた太陽が突然欠け始め、地上に闇が訪れる。

その年の三月に浅野内匠頭の刃傷事件が起こった元禄十四年の元日早々に不吉な日蝕があったことは、この章の始めにも書いた。

この元日の日蝕を描いた忠臣蔵映画には、残念ながらまだお目にかかったことがない。しかし、忠臣蔵以外でなら、殿中における刃傷事件と日蝕をクロスさせて描いた映画を観たことがある。「第五章　刃傷事件の余波」でもちょっと触れた、大曽根辰保監督の『大江戸風雲絵巻　天の眼』（昭和三十二年、松竹）である。

この映画では、クライマックスの佐野善左衛門（田村高廣）の殿中刃傷事件と天体現象の日蝕が同時進行で描かれるのが新鮮だった。

時は十代将軍・家治の天明年間。世は、権力の絶頂にある老中・田沼意次（小沢栄太郎）と若年寄・意知（山内明）父子による賄賂政治によって、すっかり壟断《ろうだん》されている。加えて打ち続く飢饉で庶民は塗炭の苦しみを舐めているというのに、田沼の庇護を受けた一部の悪徳商人たちが米の買い占めを行って米価を吊り上げ、暴利をむさぼっている。ついに立ち上がった打ち壊しの民衆が、買い占め商人たちの店へ押しかけようとしたとき、中天に輝く太陽が突如、欠け始め、江戸の町が時ならぬ暗闇に吸い込まれていく。

打ち壊しの民衆は足止めを食ったように、異様に暗くなった空を呆然と振り仰いでいる。打ち壊しの民衆だけではなく、江戸の庶民も道行く足を止めて不安げに日蝕を見守っている。そして庶民とは違う江戸城内の大名や武士たちも、欠けていく太陽をただじっと眺めている。

ちょうどこのとき、田沼父子に恨みを抱く佐野善左衛門が殿中で田沼父子に斬り付けるのだが、刻々と欠けていく太陽と、不意の闇に包まれてゆく江戸城内と、そして刃傷事件とがカットバックで映し出されるのには、あっと驚いた。

第七章　大老暗殺事件と忠臣蔵

殿中における大老暗殺事件

元禄十四年春三月、大典の江戸城を血で染めた浅野内匠頭の刃傷事件は、その十七年前の貞《じょう》享《きょう》元年（一六八四）に城内で起きた稲葉正休《まさのり》の刃傷事件とよく比較されることがある。後者は、当時絶大な権力を振るっていた大老・堀田筑前守正俊を、若年寄の稲葉石見守《いわみのかみ》正休が城中で刺し殺した事件であり、これはまさに政局を揺るがす大異変であった。

徳川三百年間の歴史の中でも、大老が暗殺されたのは、この貞享事件と幕末の井伊直弼《なおすけ》暗殺のわずか二件だけであり、堀田正俊の暗殺が政局に及ぼした衝撃波の大きさは、とても浅野内匠頭の刃傷事件の比ではない。

この日、堀田正俊は五ツ（午前八時）に登城した。将軍・綱吉ですら一目置く最高実力者の出仕であるから、行き交う大名諸侯もみな左右に分かれて、堀田に道を譲る。その中を、見るからに向こう気の強そうな、権力者然とした堀田正俊が、長裃《なががみしも》をそびらせて悠然と通り過ぎていく。

「ちと御用がありますので……」

この日、御用部屋で執務していた堀田正俊は、若年寄の稲葉正休に呼び出された。廊下に出ると、目の前には稲葉正休のこわばった顔があった。

「何用かな？」

と問いかけようとして、さすがの堀田も口をつぐんだ。

稲葉の目はらんらんと輝き、思いつめたような凄まじい顔つきをしている。そればかりか、硬直しきった五体には、かすかな痙攣《けいれん》すら走っている。堀田は咄嗟《とっさ》に稲葉の企図を察知して、わが身を庇おうとしたが、そのときはもうすでに遅かった。

一瞬早く踏み込んだ稲葉の脇差が堀田の右のあばらを刺し貫き、刀尖《とうせん》が背中にまで抜けた。あまりにも強い突っ込みだったため、背中に抜けた切っ先が後ろの壁まで達してボッキリと折れた。

堀田は、

「石見《いわみ》、乱心……」

と、ひと声うめいたきり、その場に突っ伏した。

この突発事を御用部屋から望見した数人の老中らが愕然として席を立って、稲葉正休の周りにわらわらっと駆け寄り、堀田正俊の弟で若年寄の対馬守が背後から稲葉をむずと抱き止めた。

すると、遅れて馳せ寄ってきた老中の土屋相模守が脇差に手をかけ、稲葉を抱き止めている対馬守に、

「放せ、放せ！」

と合図を送った。土屋の意図を察知した対馬守が、

「心得た」

と叫んで稲葉を前に突き放しざま、後ろからバッサリと抜き打ちを浴びせた。すかさず土屋も斬り付け、堀田正俊の嗣子・正仲も稲葉に刃を付けた。

すると、居合わせた他の老中らも、まるで申し合わせたように一斉に稲葉を斬りさいなみ、稲葉はたちまち膾《なます》のようにズタズタにされて絶命した。

まことに奇怪な事件と言わなくてはならない。

稲葉正休は大老を刺した後、決して余人にまで危害を加えようとしたわけではない。むしろ放心のていで血刀をダラリと下げたまま呆然としていたのである。抵抗の意思はなく、取り押さえようとすれば、簡単に取り押さえることができた。

にもかかわらず、なぜ老中らは総がかりで斬り殺してしまったのか。まるで稲葉の口から何事かが漏れるのを恐れるかのように……。いかなる場合でも、殿中で刀の鯉口三寸を切れば、家名断絶、その身は切腹と定まっている。それは相手が先に抜いた場合でも、こちらも抜けばそれで同罪である。

そのため、浅野内匠頭が後に殿中で吉良上野介に斬り付けたときも、時の老中らは、若年寄、大目付、同席の上、内匠頭を後ろから抱き止めた梶川与惣兵衛をわざわざ呼び出して、

「その際、上野介は脇差に手をかけるか、抜き合わせるか致したか」

と、その一点をきつく問いただしている。梶川が、

「自分の記憶では、帯刀には手をかけなかったように思う」

と答えたため、上野介は処分を免れたものの、もし、咄嗟《とっさ》の混乱の中で上野介が少しでも刀に手をかけていれば、やはり処罰されたであろう。

それほど厳しい殿中の法度を破ってまで、なぜ老中らは稲葉正休を斬り殺してしまったのか。しかも、思慮分別もあり、殿中法度を率先して守らなければならないはずの幕閣首脳が、あたかも罪を均等に分かち合うかのように、一太刀、また一太刀と稲葉に斬り付けているのか。これではまるで、犯人たちが一刺しずつナイフを突き刺して極悪人ラチェットを殺した、あのアガサ・クリスティーの『オリエント急行殺人事件』にそっくりである。

それに稲葉正休の堀田正俊暗殺事件そのものは、さながら古代ローマ時代の、元老院議員らによるジュリアス・シーザーの暗殺を彷彿とさせる。

もしかして、老中らには、稲葉を取り押さえずに殺してしまっても、自分たちは処罰されないという確証でもあったのだろうか。そして事実、彼らは誰一人として処罰されなかった。

それは一体なぜなのか。

〝激情〟と〝陰謀〟

浅野内匠頭の刃傷事件と稲葉正休の刃傷事件の違いは明白である。内匠頭の刃傷は〝激情〟による突発的、非計画的な事件であり、そこにいかなる政治的な陰謀も介在していない。

これに反して、稲葉の大老刺殺事件は徹頭徹尾、謀略の匂いがする。陰に何か政治的な、目に見えない大きな力が働いているような〝陰謀〟の匂いが芬々とする。

稲葉の刃傷の仕方も、じつに用意周到なものであった。一説によると、この日、稲葉は当時名人と謳われた刀鍛冶・長曽根虎徹《こてつ》が打った、ことさらに切れ味のよい一尺六寸の脇差を差して登城した。しかも、はじめから堀田を刺殺する目的で、虎徹に特注して何本かの刀を作らせ、一本一本、鍬《くわ》などを刺し貫いてみて、一番切れ味の鋭い刀を選んで事に臨んだというから、まさに必殺の構えである。

これよりちょうど百年後の天明四年（一七八四）に旗本の佐野善左衛門が、時の老中・田沼意次の嫡男で、若年寄の田沼意知を殿中で刺殺したときも、そうであった。佐野は小刀ではなく、普通の長さの刀を脇差に拵《こしら》えて腰に差し、万全の構えで登城した。これは一竿子《いっかんし》吉広の二尺三寸五分もある業物《わざもの》で、小刀は大体一尺八寸以内と決まっているから、ちょっとやそっとの長さではない。

その業物で初太刀は斬り付け、返す刀でしたたかに突きえぐったのだから、たまったものではない。意知は即死こそしなかったが、一週間後に絶命した。

稲葉といい、佐野といい、激情に駆られて突発的に刃傷に及んだ浅野内匠頭とは大違いである。

にらみ合う浅野内匠頭（片岡千恵蔵）㊨と吉良上野介（山本嘉一）。写真は昭和13年、日活の『忠臣蔵』

佐野善左衛門の刃傷事件は浅野内匠頭の刃傷事件の八十三年も後の事件だが、稲葉正休の事件は最初に述べたように、内匠頭のわずか十七年前の事件であり、いわば殿中刃傷のお手本のようなものである。それなのに内匠頭は、せっかく二太刀も斬り付けていながら、老齢の上野介に深手を負わせることもできなかったばかりか、梶川与惣兵衛に妨げられての上とはいえ、やみやみ相手を取り逃がしてしまった。

このことから内匠頭の刃傷直後、

初手は突き二度目はなどか切らざらん
石見《いわみ》がゑぐる穴を見ながら

という落首まで現れた。突いてえぐるという稲葉石見守正休の恰好のお手本があるのに……、と内匠頭の手際の悪さをおちょくったものである。浅野内匠頭が悲劇の主人公として同情的に見られるようになったのは、どちらかといえば翌年の十二月に、赤穂浪士が吉良邸に討ち入って、世間から忠臣義士と持てはやされるようになってからのことである。刃傷事件当初は、むしろこのように内匠頭の不手際を嘲《あざけ》る傾向のほうが強かったのである。

これが後世になると、たとえば乃木希典の、

長矩《ながのり》（内匠頭）に武人の心がけなし。なぜ突かぬのだ。斬るとは愚劣だ。

といった容赦のない痛烈な批判まで生むことになる。

なぜ殺してしまったのか？

水戸黄門の名で知られる水戸光圀が、稲葉正休の大老刺殺事件を知ったとき、その場で稲葉を寄ってたかって殺してしまった老中たちを、

「なぜ、捕らえて事情を問いたださなかったのか？」

と、きつく問責したという。しかし、老中たちはきまり悪そうに一様に顔を背けたまま、だれ一人声を発する者がなかった。

老中たちのこの沈黙は、果たして何を意味するものなのか。

稲葉の堀田刺殺の原因は、一般には淀川治水事業に関して、稲葉が提出した工事費の見積もり案が堀田によって退けられ、稲葉がいたく立場を失ってしまったためと言われている。

しかし、これには異説が幾つかあって、真偽のほどは別としても、当時の堀田を取り巻く政治状況を知る上で、一瞥の価値がある。

その一つは、権力への道を虎視眈々と狙う柳沢吉保《よしやす》が、堀田追い落としを画策し、将軍・綱吉の名を騙って稲葉に大老を刺殺させ、陰謀を闇から闇へ葬るため、老中らをして稲葉を殺さしめたというものである。

これは柳沢吉保が堀田の死の、わずか三年後には側用人となり、その後も次第に加増を重ねて老中格となり、ついには大老格にまで進んで、堀田に代わって権力の座に就いたことから生まれた話であろう。

しかし、この貞享事件のときは、柳沢はやっと千石になったばかりの小納戸役にすぎず、大老暗殺を謀ってその跡を襲うには、あまりにも微禄小身と言わなくてはならない。

二つ目は、このとき側用人だった牧野成貞《なりさだ》が、権力絶大な堀田正俊を除こうとして、将軍・綱吉に讒言《ざんげん》、綱吉の内意を受けた稲葉が直接手を下すに至ったというものである。牧野は綱吉の信任厚く、官位も従四位の下で堀田と同格、幕閣における序列も老中の上席と定められ、一応は大老堀田と張り合える地位を持っていた。

しかし、牧野は綱吉の意を体するのみで、これといった才覚もなく、胆力、知力ともに兼ね備えた堀田と互角に太刀打ちできる器ではない。大老暗殺の首謀者としては完全に役者不足である。

三つ目は、堀田の権力が強大を極めるにつれて、驕慢な振る舞いが多くなり、次第に将軍・綱吉をも蔑ろにするようになったので、これを憂えた稲葉が一身を犠牲にして堀田を殺害したというものである。

将軍・綱吉の陰謀

そして最後の四つ目こそ、堀田暗殺の原因説のハイライトであり、将軍・綱吉自身の意思によるものであるとするものである。

そもそも綱吉は、堀田正俊の強力な後押しによって五代将軍の座に就くことができたという経緯がある。

四年前の延宝八年（一六八〇）に四代将軍・家綱が危篤状態になり、子がなかったため、早急に次代将軍を決めなければならなくなったとき、時の大老・酒井忠清は、朝廷から親王（天皇の子）を一人お迎えして、将軍の座に就けようと閣議に諮ったことがある。酒井忠清は京都から形ばかりの宮将軍をお迎えして、その下で自分が半永久的に政治の実権を握る目算だった。ところが、酒井が絶対的な自信を持って臨んだこの迎立案《げいりつ》は、思わぬ伏兵に一瞬にして覆されてしまった。

それをやってのけた男こそ、当時まだ最新参の老中だった堀田正俊だった。堀田は前年老中になったばかりで、このとき閣議における発言権などほとんどないに等しい、末席の一閣僚にすぎなかった。その末席の一閣僚が、当時「下馬《げば》将軍」とまで尊称を奉られ、まさに飛ぶ鳥を落とす勢いだった酒井忠清を相手に、

「宮将軍をお迎えするなど全く前例のないこと。亡くなられた家綱公には綱吉公という立派な弟君がいらっしゃるのに、とんでもない！」

と大弁舌を振い、とうとう綱吉を五代将軍の座に就けてしまったのだから、このときからすでに堀田の政治手腕と、言い出したら後には引かぬ押しの強さは相当のものだったことが分かる。

綱吉が将軍の座を占めると、当然のごとく酒井忠清は失脚し、代わって大老となった堀田正俊が政治の実権を握った。ばかりか大手門下馬先にあった酒井の豪壮な邸宅は没収され、これも堀田に与えられた。

こうした事情もあって、後世には独裁君主として知られる綱吉も、その初期のころは、まだまだ独裁的な権力を持つには至っていなかった。むしろ、能力もあり、我も強い堀田に掣肘《せいちゅう》されて、将軍としての専決権を脅かされることが多かった。

堀田大老暗殺の黒幕は、ほかならぬ綱吉自身であったという説は、綱吉と堀田をめぐるこうした政治的な力関係を背景に生まれたものである。真偽はともかく、この説に立つと、事件の最大の謎だった老中たちによる稲葉正休斬殺も、はじめて納得がいく。

ところで、この貞享事件と浅野内匠頭の刃傷事件とは一見、なんの関係もないように見えるが、じつは見えない糸で幾重にもつながっているのである。

まず、堀田正俊の死によって、名実ともに独裁者としての地位を確立した将軍・綱吉は、その果断即決ぶりをもって絶対君主の道を突き進み、内匠頭の刃傷に際しては、即日切腹という過酷な裁決を下すことになる。

そして、柳沢吉保もまた、正俊の死によって、綱吉の寵臣として権力の階段を上り詰め、内匠頭の刃傷に際しては、相手方の上野介の庇護者として、上野介に厚く、内匠頭に冷酷な綱吉の裁定を陰から支えることになる。

この意味では、堀田の死によってできあがった権力の構図そのものが、内匠頭の刃傷事件に対する裁決の構図をすでに決定していたとすら言える。

『元禄繚乱』の綱吉と堀田正俊

それでは、浅野内匠頭の刃傷事件とは比べものにならないくらい奇々怪々な、この堀田大老暗殺事件を扱った映画があるかというと、驚くことに、ただの一本もない。まさに天下を衝動させた大事件であり、時代劇にとっては恰好の材料である。この事件に取材した映画の二本や三本はあって当然なのに全くもって残念である。

平成11年のNHK大河ドラマ『元禄繚乱』。将軍・徳川綱吉役の萩原健一㊧と堀田正俊役の村井国夫

ただ、平成十一年（一九九九）のNHK大河ドラマ『元禄繚乱』には、これまで述べてきたような将軍・徳川綱吉（萩原健一）と大老・堀田正俊（村井国夫）の対立や、稲葉正休（本田博太郎）による堀田刺殺事件も描かれていて非常に興味深い。

中でも綱吉と堀田という互いに自我の強い人間同士の激突場面はまことに見ものである。マザコンの綱吉が生母の桂昌院（京マチ子）の勧めに従って、人間よりも犬を大切にする「生類憐みの令」を天下に発令しようとしたときのことである。

「なりませぬ！　そのような悪法、上様のご威信を傷つける以外のなにものでもありませぬ！」

堀田正俊は言葉を極めて綱吉を批判し、

「悪法じゃと！」

綱吉も青筋を立てて怒声を発する。

「たってとお考えなれば、この筑前守、この場で腹を切ってでもお諫め致します」

「うぬ！」

激昂した綱吉は思わず脇差に手をかける。

「お斬りなされ！　このような悪法、それほどまでに世に流布なさりたければ、この筑前をお斬りなされ！」

堀田は将軍を相手に一歩も引かない。

後日、その堀田正俊が殿中で稲葉正休に刺殺されたと聞いた綱吉が、

「死んだか。筑前が、あの筑前が。ハッハッハハハハ……」

と思わず下卑た嬌声を発するシーンなどは、絶対に見逃せない。このドラマの綱吉は癇癪《かんしやく》持ちでサディスティックで、かなり狂気じみているが、演じるショーケンも乗りに乗って、その異常性格ぶりを喜々として演じている。

〈忠臣蔵への視点Ⅱ〉雪の日の決起

忠臣蔵、桜田門外の変、そして二・二六事件

赤穂浪士の討ち入り——。
桜田門外の変——。
そして二・二六事件——。
この三つの事件は、時代も背景も異なる相互に全く関連のない事件であるが、たった一つ共通点がある。
それは〝雪の日の決起〟である。
私たち日本人の記憶には、赤穂浪士の討ち入りも、桜田門外の変も、そして二・二六事件も、等しく、しんしんと降りしきる〝雪の日の決起〟として強く焼き付けられている。
実際の赤穂浪士の討ち入り当夜、雪が降っていたわけではない。討ち入り前日の十三日には確かに江戸の町に大雪が降ったが、当日の十四日は残念ながら雪は降っていなかった。しかし、映画の中では必ず、紛々と降りしきる雪を突いて、赤穂浪士は吉良邸へと殺到する。
赤穂浪士の討ち入りと雪——。

雪を突いて吉良邸へと殺到する赤穂浪士たち。写真は昭和 34 年、東映の『忠臣蔵』

これはもう映画の中では、史実を超えて確固たる事実になってしまっていて、切っても切れない関係にある。

桜田門外の変と二・二六事件の日は、実際に大雪が降った。私たち日本人は、雪の桜田門外で井伊直弼の駕籠を襲う水戸浪士たちの姿や、雪の早暁に軍靴を響かせて首相官邸や重臣邸を襲う決起将校たちの姿を幾度、映画で見てきたことだろう。

しかし日本人は、水戸浪士や決起将校たちの姿に、どこか赤穂浪士を重ねて見てしまっているようなところがないだろうか。そういえば、刃をかざして突進する水戸浪士だけでなく、近代装備の決起将校たちまで、映画の中では全員、白い鉢巻をし、真っ白なたすきを十字にかけている。

さっき、赤穂浪士の討ち入りと桜田門外の変と二・二六事件の間には、互いになんの関連もないと言ったが、果たして本当にそうなのか。

結論から言えば、日本人は「何か事を成すとき」、それを赤穂浪士の行動に擬《なぞら》えて考える習性がある。

自分たちが成そうとしている行動を赤穂浪士に擬えることによって、その行動は意味あるものとなり、正当性を持つ。つまり、江戸時代から明治、大正、昭和に至るまで（果たして平成はどうだろうか）、日本人にとって赤穂浪士は、なにかと言えば引き合いに出される、いわばすべての行動の規範的存在であり続けてきた。

たとえば幕末を例に取れば、尊王攘夷派の吉田松陰や高杉晋作から、桜田門外の変の水戸浪士、それに佐幕派の新選組に至るまで、こぞって赤穂浪士の熱烈な信者だった。

要するに今風に言えば、「政治的な右も、左も、みな赤穂浪士のファン」なのだった。

そもそも新選組の、あのだんだら模様の隊服は、赤穂浪士に由来する。といっても、赤穂浪士が吉良邸に討ち入るとき、実際にだんだら模様の制服を着ていたわけではないが、歌舞伎の舞台では赤穂浪士は全員、揃いのだんだら模様の制服をまとっている。新選組はそれにあやかったのである。

〈雪〉と〈テロリズム〉

しんしんと降りしきる雪――。それは映画や芝居の上では、赤穂浪士の討ち入りのほとんど絶対条件であり、桜田門外の変や、二・二六事件の絶対条件でもある。降りしきる雪によって、凄惨な暴力的事件が悲劇的、運命的な事件として浄化され、初めて日本社会の中に、その市民権を得るのである。

私たち日本人は、伝説化され、美化された忠臣蔵物語を真底、信じ込んでいるため、彼らの討ち入りが恐るべき暴力的側面を持つことを、つい忘れてしまっている。

赤穂浪士の討ち入りから、すでに三百年以上の年月が経っているため、私たちはそれを遠い昔の仇討ち物語として受け止め、誰もテロリズムとは考えない。

しかし、桜田門外の変や、二・二六事件となると話が少し違ってくる。この二つの事件は、太平洋戦争を挟んで現代に至る近現代史として一直線につながっており、イデオロギーやテロリズムなど現代に直結する生々しい問題を孕んでいる。

ところが、昭和五十五年（一九八〇）の、二・二六事件を扱った二時半に及ぶ大作『動乱』（森谷司郎監督）では、肝心の二・二六事件そのものは物語の舞台背景として、はるか後景に退いてしまい、主演の高倉健と吉永小百合の甘い愛情物語としてだけ成立していた。

そして二・二六事件と真正面から取り組んだはずの、平成元年（一九八九）の超豪華配役による大作『２２６』（五社英雄監督）も、途中から事件の本質を追求することをやめてしまって、終末部分では決起将校たちとその妻や恋人との、ありふれた愛情場面を綿々と綴るという信じがたい腰砕けに終わっていた。

二・二六事件を、男女の愛情物語の単なる舞台背景として描くなどということが果たして許されるだろうか。それは製作者の逃げ以外のなにものでもない。

「我レ狂カ愚《ぐ》カ知ラズ　一路ツイニ奔騰スルノミ」

これは『226』の冒頭で、決起将校の野中大尉（萩原健一）が万年筆でハンカチに書きなぐった言葉であるが、この言葉には期せずして決起将校たちの内面とテロリズムの本質が凝縮されているような気がする。

「我レ狂カ愚カ知ラズ　一路ツイニ奔騰スルノミ」というその一点に映画の焦点を絞り込むべきだった。しかし、せっかくヒントとなるそうした言葉を見つけていながら、映画の中では、それが全く掘り下げて追求されていないのが残念だった。

『動乱』と『226』が作られたあと、二・二六事件を描いた映画は全く現れていない。

日本映画は、昭和史最大の分岐点であり、現代に直結する最大の暗黒部分でもある二・二六事件と対決することを、もうやめてしまったのだろうか。

はっきり言えば、日本映画においてテロリズムを描くことは、昔も今も、ほとんどタブーであると言ってよい。

そのため、桜田門外の変もまた、決してテロリズムの観点からは描かれることがなかった。

井伊直弼を開国の英雄として描いた昭和二十八年（一九五三）、大曽根辰夫監督『花の生涯』のラストシーンは、言うまでもなく桜田門外の変である。また、直弼の隠し子・新納鶴千代を主人公にした小説『侍ニッポン』の映画化作品は何本もあるが、そのラストシーンも、ことごとく桜田門外の変である。しかし、それは直弼の命を奪った無情な事件として描かれるのが決まったパターンで、桜田門外の変を政治的な暗殺事件として、その本質を追求するようなかたちでは決して描かれていなかった。

そこへ平成二十二（二〇一〇）年に、戦後初めて桜田門外の変を真正面から扱った映画が登場した。佐藤純彌監督の『桜田門外ノ変』である。戦後の桜田門外の変を扱った映画が、ことごとく井伊直弼の側からのものであったのに対して、これは暗殺を行った水戸浪士の側からの映画であるという点でも、画期的なものであった。彼らはどのようにして井伊直弼暗殺を計画し、どのように襲撃を行ったのか、そして襲撃の後、彼らはどのような末路をたどったのか、それを実録風に描く意欲作だった。

ただ、桜田門外の変を扱う場合、必然的に殺し、殺されるという生々しいテロリズムの問題は避けて通ることができない。しかし、この映画では、水戸浪士たちは天下国家のため決起した憂国の〈桜田烈士〉として描かれ、テロリストとしての側面には目を瞑ってしまったのが、非常に残念だった。

桜田門外の変は、さきほどもちょっと触れたように、その歴史性において、昭和の二・二六事件にまで直結する重要なテロ事件であり、テロリズムの観点なくして桜田門外の変を描くことは不可能である。

日本映画に欠けているもの、それはテロリズムとの対決である。

第八章　吉良家の勇士たち

手薄な吉良側

忠臣蔵映画を観ていて、いつも思うのは、「吉良側があまりにも手薄だ」という、その一点である。

どの映画でも、赤穂浪士側の登場人物は非常に多い。従って有名俳優も十人、二十人と配されていて、大変賑々しく、エピソードの数もふんだんにある。

それとは反対に、吉良家の側は俳優の数も少なく、エピソードもほとんどなくて、いかにも貧弱な感じを免れない。

吉良家の家臣で、ある程度人格を持った人間として描かれるのは、いつも清水一学（一角の場合も）か、小林平八郎（平七の場合も）の、いずれか一人だけである。それも赤穂浪士の華々しい勇姿を描く傍ら、ほんの申し訳程度に、一学か平八郎の奮戦ぶりが描かれるにすぎない。あとの吉良家家臣は人格も何もないその他大勢で、ただただ赤穂浪士にバッタバッタと斬り倒されるだけの存在である。

しかし、これでは最初から吉良家の側に勝ち目はなく、第一、物語の公平を欠く。吉良家の家臣も血肉の通った人間として扱い、討ち入りの夜の人間ドラマとして、真っ当に描いて欲しいのである。

その点、映画ではないが、昭和四十六年（一九七一）に三船プロとＮＥＴ（現・テレビ朝日）が作ったテレビシリーズ『大忠臣蔵』には、討ち入りの夜の吉良家の家臣たちの勇戦ぶりが、いくらか描かれていて目を引く。

小林平八郎の最期

このドラマの小林平八郎（芦田伸介）は、知勇を兼ね備えた、吉良家付人《つけびと》の束ね役である。

明くれば元禄十五年（一七〇二）十二月十四日。赤穂浪士の討ち入りを知った小林平八郎は、主君の吉良上野介（市川小太夫）を、家中随一の剣客・清水一学（天知茂）をはじめ、大須賀治部右衛門（睦五朗）、榊原平右衛門（久富惟晴）の三人に守らせて炭小屋に立ち退かせ、自分は腹心の斉藤清左衛門（今井健二）と共に赤穂浪士を迎え撃とうとする。平八郎も清左衛門も、共に上杉家から遣わされた付人である。

「斉藤、どうやら我らの務めも終わったようだな」

「いや、しかし、上杉への使者は?」

「俺がそのようなものを出すと思うか。ご当家との心中などご免蒙《こうむ》る」

平八郎は、上野介には恩もあり、これまではひたすら彼の命を守ることだけに意を注いできた人間である。ところが、ここへきて平八郎は赤穂浪士との戦いに、旧主家である上杉家を巻き込むつもりはないと明言する。つまり、平八郎は上杉家には援軍を要請せず、この勝ち目のない戦いで共に死のう、と清左衛門に言っているのである。

「さすがは……。これで気持ちよく死ねます」

清左衛門は万事を了解する。

「死ぬときは潔くと願うていたが、降る雪が俺の顔を包んで、どうやらそれも果たせそうだ。行こう!」

平八郎は、却ってサバサバしている。上野介の命を守ることのみに心胆を砕いてきた平八郎にとって、浪士の討ち入りは、むしろ日頃の心労から解放されて、ほっとするような一面があったのかもしれない。

「左兵衛さま中小姓、斉藤清左衛門、参る!」

清左衛門は雄々しく名乗りを上げ、群がる敵の中へ踏み込んでいく。

そして自分の直接の主人で、上野介の養子・左兵衛が苦戦していると見るや、これを庇って奥座敷のほうへ逃がし、数人の赤穂浪士を相手に勇戦力闘するが、やがて力尽きて倒れる。

小林平八郎もまた雪の橋上で赤穂浪士を迎え撃ち、幾人もの敵を相手に激闘を展開したのち、ついに槍を受けてどっと倒れる。

鳥居利右衛門の最期

この日、邸内では鬢先《びんさき》に白いものが交じる吉良家の老剣客・鳥居利右衛門（大友柳太朗）の奮戦ぶりが、ひときわ目立った。利右衛門は年輪を刻んだ冷静沈着な武士で、居合抜きの名手でもある。この夜も、数人の赤穂浪士を一手に引き受けて、びくともしない。

面前にピタリと槍先を突きつけてきた若武者を見て、利右衛門は、

「ほほう、これはまた前髪立ちの若衆だな……」

と微かに頬をゆるめる。

「黙れ！　若年なれども裏門の頭領を務める大石主税良金！」

「内蔵助殿のご嫡子か。参ろう！」

と利右衛門は半ばは頼もしげに、半ばは憫笑を浮かべて言って、主税と対戦するが、数合斬り合ったのち、どうしたことか、進んで相手の槍を受け、

昭和31年、東映『赤穂浪士』の討ち入り場面における堀部安兵衛（堀雄二）㊨と小林平七（加賀邦男）

「お見事……」

と主税を褒めたたえるや、その場に倒れ伏す。

利右衛門はなぜ、若輩の主税に勝ちを譲ったのか。

これには訳がある。

じつは利右衛門は上杉家の家臣だったが、娘のおせつ（梓英子）が赤穂浪士の小山田庄左衛門（中山仁）と恋仲になってしまった。利右衛門としては、できることなら一人娘に泣きを見せたくない。なんとか庄左衛門と添わせてやりたい。

ある日、庄左衛門が利右衛門を訪ねてきて、同志の大高源五に茶の宗匠・山田宗徧《そうへん》への紹介状を書いてほしいと懇願する。その狙いははっきりしている。大高源五を山田宗徧に入門させ、吉良家の茶会の日取りを探らせる目的である。

利右衛門はそれを知っていながら、娘かわいさに黙って紹介状を書いてやる。ただし、庄左衛門が赤穂浪士から脱盟することを条件に……である。庄左衛門は利右衛門が書いてくれた紹介状を大高源五に渡し、自分は町人となっておせつと共にいずこへともなく旅立って行った。

そして利右衛門はその紹介状を書いた償いに上杉家を辞し、せめて上野介の命を守るため、吉良家家臣になったのである。つまり、彼は赤穂浪士にも個人的な思い入れがあり、同時に吉良家にも負い目があるという非常に苦しい立場にある。

それが　この日、若年の大石主税の前に進んで体を投げ出すという行為になって表れたのであろう。

利右衛門が倒れたあと、カメラは再び、彼より前に倒れた斉藤清左衛門や、小林平八郎の骸《むくろ》を映し出す。このドラマに限っては討ち入りシーンの力点が、決して赤穂浪士だけでなく、吉良家の側にも置かれていて、私は好きだ。

清水一学の最期

上野介が潜む炭小屋にも、とうとう赤穂浪士が押し寄せてくる。上野介を守っていた清水一学、大須賀、榊原の三人のうち、大須賀と榊原の二人は早々と打って出て、討ち死にする。

もう上野介を守っているのは清水一学ただ一人だけである。一学はもはや上野介の死も、自分の死も目前に迫ったことを察知する。

「これまででござる」

と一学は上野介に覚悟を促し、

「長々のご厚情のこと、お礼申し上げる……」

と最後のあいさつを述べる。ここがなんとも泣かせる。礼節の武士・一学は己の死の間際にあっても、恩義を受けた主君に対して、丁重な謝意をひとこと申し添えることを決して忘れないのである。

おそらく一学はここで上野介に深々と頭を下げるつもりだったのであろう。しかし、一学にはすでにその暇《いとま》もなかった。赤穂浪士の鋭い太刀筋が容赦なく彼を襲ったのである。

浪士の刃を振り払いながら一学が戸外に出ると、そこにはかつて深く心を許し合った無二の親友・堀部安兵衛（渡哲也）が待ち構えていた。赤穂浪士切っての剣客・安兵衛と吉良家随一の使い手・一学——。まさに宿命の対決である。一学は余人を交えず安兵衛と一騎討ちの勝負をして敗れ、相手の安兵衛の剣技を、

「見事だ……」

とたたえて絶命する。

このように、討ち入りの夜の吉良家家臣の何人かの死を、強い哀惜を込めて描いた例を、私はあまり知らない。

世に称賛される赤穂浪士の討ち入りの陰に、むなしく死んでいった吉良家の侍たちこそ哀れである。その意味で、このドラマの吉良家家臣たちの最期は、それぞれ強く心に残った。

吉良家の侍数は?

小林平八郎、清水一学、鳥居利右衛門……。赤穂浪士の討ち入り当夜、命を落とした吉良家の家臣は十六人であり、吉良上野介を含めると十七人になる。

が、それはあくまでも当日の即死者であって、翌日、息を引き取った二人を加えれば、二十人近くの人間が一夜にしてその尊い命を奪われたとも言える。

その夜、吉良家には上杉家からの付人を加えて百五十人とか、二百人もの侍がいたと、よく映画などでは描かれる。しかし、それは全くの創作であり、実際は上杉家からの付人など、ただの一人も差し遣わされていなかったというのが真相である。

討ち入り当夜、吉良家に百五十人も二百人もの侍がいたというのは、赤穂浪士役のスターが群がる敵をバッタバッタと斬り倒す必要から生まれた数字にすぎない。

結論から言うと、この日、吉良邸にいた侍の数は、およそ三十人。多くてせいぜい四十人と考えられる。討ち入り後の幕府の検死記録というものがあり、それによると、吉良家の死者と重軽傷者と無傷だった者を加えると、大体三十人から四十人近くになる。

一般に家来の数というものは、その主人の石高に相応する。浅野内匠頭は五万石(五万三千石と言う場合もある)で三百人の家来がいた。それに比べると吉良上野介は、なるほど身分格式は非常に高かったが、その石高は意外に少なく、わずかに四千二百石。つまり、浅野内匠頭の十分の一以下だった。だから家来の数も内匠頭のほぼ十分の一の三、四十人で、ぴったり勘定は合うわけである。

ただ、上野介は面高《おもてだか》はわずか四千二百石だったが、高家としての副収入もあり、また実子の綱憲が上杉十五万石の当主になっていたため、その方面からの強力な援助もあって非常に裕福で、大名並みの贅沢な生活をしていたと言われる。

当然、家来の数も実際はもう少し多く、五十人ぐらいはいたかもしれない。しかし、上野介には三州吉良に知行地があり、そこにも幾らかは家来を置かなければならなかったので、その人数を差し引くと、江戸詰の家来はやはり三、四十人という数字に落ち着く。

討ち入りの夜、吉良家には百人以上の人間がいたと考えられるが、非戦闘員の門番や小者や台所方、そして家来の妻子などがほとんどだった。

それに赤穂浪士の討ち入りが行われた元禄時代は、天下泰平の世の中である。侍とはいっても、それは名ばかりで、実際に真剣を抜いて斬り合いをした経験のある者など極めて稀だった。

赤穂浪士の討ち入りの八年前に、江戸の高田馬場で義理の伯父の菅野六郎左衛門を助けて、村上庄左衛門兄弟と決闘をしたことのある堀部安兵衛の如きは例外中の例外だった。

しかも、この日、吉良邸に討ち入った赤穂浪士は完全武装だった。ある者は兜や頭巾をかぶり、小手やすね当てを着けて鎖帷子《くさりかたびら》を着込み、その上、胴丸（鎧）まで着けている者もいた。そのため、吉良家の侍たちの刃が当たっても無傷だったり、軽傷で済んだ。

それに引き換え、吉良家の侍たちは寝込みを襲われ、ほとんどの者は寝巻姿のままの応戦を余儀なくされた。

寒中のことである。

寝起きの状態で満足な防具もなく、弓などの飛び道具や、特別誂《あつら》えの長刀を振り回す者までいた赤穂浪士にバタバタと倒されていったというのが実情で、要するに、この夜の戦いは、赤穂浪士の吉良家の侍たちに対する一方的な殺戮戦だったと言っても、決して過言ではない。

「めざすは炭小屋……」

この章の始めにも述べたように、吉良家の家臣が忠臣蔵映画の中で重要人物として登場することは非常に稀だが、ここに松田定次監督の『残月一騎討ち』（昭和二十九年、東映）という映画がある。

赤穂浪士の赤垣源蔵（大友柳太朗）を主人公とした、いわゆる外伝ものだが、ここで描かれているのが、源蔵と吉良家の付人・清水一角（月形龍之介）の友情であることに注目したい。源蔵と一角は、どちらも飲み屋の女将お半（喜多川千鶴）に惚れて彼女の店に通う。しかし、お半の気持ちが源蔵に傾いていると知った一角は潔く身を引き、源蔵と無二の親友になる。

昭和29年、東映『残月一騎討ち』の清水一角（月形龍之介）㊧と赤垣源蔵（大友柳太朗）

しかし、運命は非情である。元禄十五年十二月十四日。しんしんと降りしきる雪の中で、源蔵と一角は、皮肉にも一人は討ち入る側の赤穂浪士として、もう一人は上野介を守る上杉家の付人として、宿命の対戦をすることになる。源蔵は槍、一角は大小二刀をかざしての一騎討ちである。

激闘の末、深手を負った一角は、その苦しい息の下から、

「めざすは炭小屋……」

と、ひとこと言い残してこと切れる。

心の友である源蔵に対する、せめてもの、はなむけである。

しかし、いかに親友といえども、敵である源蔵に守り抜くべき吉良上野介の居所を教えてよいものだろうか。

本来ならば、吉良家の付人である一角のこうした台詞《せりふ》は、宙に浮いた非常に説得力に欠けるものになってしまいがちである。

それを救ったのは、一角を演じた月形の独特な口跡である。

「めざすは炭小屋……」

短く、苦しげに、腸《はらわた》から絞り出すように呻いた、その言い回しである。

恐ろしいことに、俳優の台詞《せりふ》の言い回しというものは、その場面のリアリティーを生かしもすれば、殺しもする。

「落ち行く先は九州相良……」

そういえば、忠臣蔵からはちょっと話がそれるが、同じ松田定次監督の『天下の伊賀越　暁の血戦』（昭和三十四年、東映）の中に、似たようなシーンがあったことを思い出す。

『天下の伊賀越　暁の血戦』は言うまでもなく、荒木又右衛門の伊賀上野の仇討ちを描いた作品である。この映画では、剣豪・荒木又右衛門（市川右太衛門）と槍の達人・川合甚左衛門（月形龍之介）は、無二の親友として登場する。

しかし、甚左衛門の甥の川合又五郎（岡田英次）が、又右衛門の義弟・渡辺数馬（北大路欣也）の父・渡辺靭負《ゆきえ》（大河内伝次郎）を殺して逐電したため、肉親の縁で甚左衛門は又五郎の、又右衛門は数馬の助太刀をすることになり、二人は敵同士になってしまう。

甚左衛門は又五郎を江戸から無事逃がしてやる時間稼ぎのため、自ら囮《おとり》となって又右衛門を呼び出し、一騎討ちの勝負を挑む。

が、鋭い突きの連続技で又右衛門を攻めたてた甚左衛門は、どうしたかことか最後の一手を故意にゆるめ、自ら又右衛門の刃を受けて、その場にどっとくずおれる。

思わず駆け寄って抱き起す又右衛門に、甚左衛門は低くうめくように、

「落ち行く先は九州相良……」

と又五郎一行の行き先を教えて、息を引き取る。

これは親友・又右衛門に対する甚左衛門のせめてもの、はなむけであり、期せずして、『残月一騎討ち』の清水一角の場合と全く同じ展開である。

そして、このシーンのリアリティーを支えているものもまた、

「落ち行く先は九州相良……」

という月形の絶妙な口跡であった。

『残月一騎討ち』と『天下の伊賀越　暁の血戦』の、この二つのシーンが、ことさらに印象深いものになった理由は、なんといっても、一角を演じ、甚左衛門を演じた月形龍之介の渋くて重厚な風格を措いてほかにはない。

第九章　銘々伝と外伝

赤穂浪士の人気ナンバーワンは堀部安兵衛

これまで論じてきた忠臣蔵映画は、ほとんどは浅野内匠頭の刃傷事件から赤穂浪士による討ち入りまでを余すところなく描いた超大作で、俗に〈本伝〉と言われる作品である。しかし、忠臣蔵映画には、〈本伝〉ほど大がかりな作品ではないが、誰もが知っているように、赤穂浪士一人ひとりを描いた〈銘々伝〉や、赤穂浪士の討ち入りを陰から支えた人物などを描く〈外伝〉と呼ばれるものがあり、これがまた長年、日本人の人気を集めてきたことは言うを待たない。

銘々伝の中で一番人気があるのは、言うまでもなく堀部安兵衛の中山安兵衛時代を描いた作品である。

だいたい赤穂浪士の討ち入りは集団プレーで、しかも中心は頭領である大石内蔵助だから、その部下である安兵衛は〈本伝〉の忠臣蔵映画では、どうしても脇役になってしまう。その点、高田馬場の〝安っさん〟は徹頭徹尾、個人プレーで、村上庄左衛門一派十八人を、たった一人で叩っ斬るわけだから、文句なしのヒーローである。

これはもう本数の上から言ってもダントツで、他の追随を許さない。赤穂浪士の人気ナンバーワンは、堀部安兵衛というより、高田馬場の決闘の〝安っさん〟こと中山安兵衛で決まりである。銘々伝は大体、赤穂離散から吉良邸討ち入りに至るまでの浪士たちの粒々辛苦を描くというのがパターンだが、安兵衛ものに限っては、赤穂浪士の討ち入りに先立つこと八年前の元禄七年に起きた高田馬場の決闘を描くのが定番である。

そして世に有名な高田馬場の決闘の顚末は、およそ次のようなものである。

「喧嘩安兵衛」「赤鞘《あかざや》安兵衛」「飲んべえ安兵衛」――。浪人の安兵衛は、腕っ節に物を言わせて喧嘩の仲裁をしては、相手に酒をおごらせる〝酒と喧嘩〟の無頼の日々を送っている。が、そんな安兵衛にも一人だけ苦手な相手がいる。伯父の菅野六郎左衛門である。たった一人の身内である六郎左衛門は、安兵衛の顔を見ると「酒を慎め。少しは仕官の道も考えよ」と口を酸っぱくして説教をする。さすがの安兵衛もこの伯父にだけは頭が上がらない。

あるとき、六郎左衛門の使いの者が訪ねてきて手紙を置いて行くが、ぐでんぐでんに酔っぱらって帰ってきた安兵衛は、それを読みもせずグーグー高いびき。そして朝起きて手紙を読んだ安兵衛はびっくり仰天。六郎左衛門が今朝、日頃から仲が悪い同僚の村上庄左衛門兄弟と高田馬場で決闘に及ぶという文面である。

「しまった！」

安兵衛は長屋のおかみさんが差し出すお櫃《ひつ》から手掴みで飯を食い、一散走りに駆けだす。

しかし、高田馬場に着くと、六郎左衛門は助太刀を大勢引き連れた村上兄弟に斬られて、すでに虫の息。安兵衛は、「やあ、やあ、伯父の敵」とばかりに二刀を振るって群がる敵十八人をバッタバッタと斬り倒し、見事伯父の敵を討ったというのが、大体、高田馬場の決闘の顚末である。

それは、阪東妻三郎、市川右太衛門、市川団四郎、長谷川一夫、中村錦之助、森美樹、東千代之介、勝新太郎と、安兵衛役者はめまぐるしく替わっても、金輪際、変わらない高田馬場の決闘の不変のパターンである。

等身大の人間像描く

ところが、佐伯清監督の『「高田馬場」より　中山安兵衛』（昭和二十六年、新東宝＝綜芸プロ）は、それらの高田馬場ものの展開とは全く異なっている。ひとくちで言えば〝実説・高田馬場の決闘〟とでも言おうか。

この映画の菅野六郎左衛門（東野英治郎）と中山安兵衛（嵐寛寿郎）は実の伯父と甥ではなく、史実に基づいて伯父・甥の誓いをした仲としている。そして安兵衛も、この映画では、確かに酒

昭和31年、東映『青年安兵衛　紅だすき素浪人』の中山安兵衛（中村錦之助）

は嗜むが、別に〝酒と喧嘩〟に明け暮れているわけでも、放蕩無頼の生活を送っているわけでもない。いたって礼儀正しい温厚な好青年である。

六郎左衛門が暴慢無礼な村上三兄弟から果たし状を突きつけられて、ついに翌朝決闘することになったとき、妻のそで（滝花久子）は、夫に内緒で安兵衛の長屋に下僕の杢助（横山運平）を使いに走らせる。武芸自慢で、その上卑怯な村上三兄弟と決闘をしたのでは、老齢の六郎左衛門に到底勝ち目はない。そでとしては、夫の命を救うため、剣術の達人である安兵衛にぜひとも助太刀してもらいたいのである。

しかし、安兵衛はあいにくの留守で、杢助はやむなく隣のお内儀・小春（北見禮子）に、

「お帰りになりましたら、屋敷にいらしてくださるように」

と言づてを頼んで辞去する。しかし夜中に酔っぱらって帰った安兵衛はすぐ寝てしまう。言づてを伝えようと枕元まできた小春は、すやすや眠っている安兵衛を見ると、起こすに忍びなく、

ついそのまま帰ってしまう。

小春は六、七歳の女児を抱えた寡婦で、隣りのよしみもあって、なにかと安兵衛の面倒を見ているが、実は安兵衛に密かな慕情を寄せている。

翌朝、まだ暗いうちに、杢助が再び訪ねてきて、寝ている安兵衛の戸を叩く。杢助は今度は六郎左衛門の「後事を託した」書状を携えている。

菅野の屋敷では、そろそろ刻限も迫ったので、もう出発すると言う六郎左衛門を、そでが「もう少し待って」となだめている。一人で決闘の場に臨めば、一命は覚束ない。

そして菅野家の門前では、六郎左衛門の若党と中間《ちゆうげん》が、朝靄の中で「まだか、まだか」と安兵衛の到着を待ちわびている。

一体、安兵衛は決闘に間に合うのか、間に合わないのか、このへんの展開がなかなかスリリングで、観客も思わず身を乗り出してしまう。

そこへ安兵衛がやってくる。このとき、そでの目に浮かんだ涙が非常に印象的である。これ見よがしの涙ではない。思わず目ににじんだ涙である。

六郎左衛門は安兵衛と若党、中間の四人で高田馬場へ乗り込む。相手は村上庄左衛門（清川荘司）、同三郎左衛門（伊藤雄之助）、そして中津川祐範の三兄弟であるが、家来を含めて総勢七、八人はいる。

安兵衛が獅子奮迅の働きをして三兄弟を倒すが、六郎左衛門も命を落とす。この決闘で安兵衛が斬ったのは、多くの映画のように十八人でなく、史実通りの三、四人である。

それに普通だと、一目、決闘を見んものと詰めかけた観衆がやんやの喝采で安兵衛を囃し立てるわけだが、この映画では観衆など一人もいない。当時の高田馬場はその名の通り馬場であり、一面の野原である。決闘が終わったあたりから、噂を聞いてやっと人が集まってくる。

そして、これも普通の映画だと、安兵衛は「見事、伯父の敵を討った感心な甥」として江戸中の称賛を浴びて、「めでたし、めでたし」で終わるのだが、この映画はそうではない。

三兄弟が安兵衛に斬られたあと、三兄弟の父・市郎兵衛（浅野進治郎）が高田馬場に駕籠で駆け付けてくる。実はこの父は、三兄弟が無体にも六郎左衛門に果たし状を突きつけたと知ったとき、「愚かな決闘はやめよ」と息子たちをきつく叱りつけている。「早々に菅野殿の屋敷に参り、取り消して参れ！」と——。

しかし、息子たちは父の忠告に従わずに決闘を行い、三人揃って野辺に屍をさらすことになってしまった。

「三郎左……、祐範……、庄左……」

市郎兵衛は息子たちの亡骸《なきがら》に取りすがって号泣する。

安兵衛は義理の伯父を助けるためとはいえ、多くの殺生をしてしまった。市郎兵衛の嘆き悲しみを目の当たりにして、安兵衛の心にも果たし合いのむなしさが突き上げてくる。

安兵衛は後日、その市郎兵衛を訪ねて三兄弟の位牌に焼香したいと申し出る。市郎兵衛は一瞬身構えるが、結局、安兵衛の焼香を許す。

安兵衛に思いを寄せていた小春は、高田馬場で勇名を馳せた安兵衛の出世の妨げにならぬよう、書面を残して子供と一緒に長屋から姿を消してしまう。安兵衛が一介の貧乏浪人だったときならいざ知らず、世間の注目の的になってしまったいまとなっては、しょせんかなわぬ恋と自分から身を引いたのである。このへんの子持ち女の苦しい恋心がよく描かれている。

そして安兵衛は、決闘には勝ったものの索莫とした思いを抱いて、一人トボトボと六郎左衛門の通夜に出かけていく。

つまり、この映画が描いているのは、従来の高田馬場の武勇伝ではなく、普通の人間・安兵衛の等身大の人間像である。

赤穂浪士の人気〝三羽烏〟

赤穂浪士の中で堀部安兵衛に次いで人気があるのは、赤垣源蔵と不破数右衛門である。赤垣源蔵は討ち入りを今夜に控えて、不在の兄に別れを告げる、おなじみ〝徳利《とくり》の別れ〟が有名だし、不破数右衛門は内匠頭の勘気を被って浪々中だったが、内匠頭の最期を聞いて赤穂に駆けつけ、大石内蔵助に懇願して同志に加えてもらう話で知られる。

堀部安兵衛と赤垣源蔵と不破数右衛門。言ってみれば、これが赤穂浪士の、さしずめ人気〝三羽鳥〟である。

この〝三羽烏〟に共通するものが三つあり、その一つは「浪人」である。堀部安兵衛は誰でも知っているように浅野家に仕える以前は浪人であったし、不破数右衛門もいま述べたように内匠頭の不興を買って刃傷事件以前にすでに浪人している。安兵衛と数右衛門のトレードマークは、なんといっても、この気随気ままな浪人性であり、源蔵も映画ではいつも見るからに浪人然とした、むさ苦しい風体でお目見得する。

二つ目は「酒豪」である。安兵衛は「飲んべえ安兵衛」と言われたほどの酒豪だし、源蔵もいつも酒浸りで酔眼朦朧としている。数右衛門も、安兵衛や源蔵ほどではないにしろ、いかにも酒の上で大失態をやらかしてしまいそうな酒豪的人物として描かれる場合が多い。

そして三つ目は、「粗忽者《そこつ》」である。安兵衛も、源蔵も、数右衛門も、三人揃って粗忽ゆえの失敗談にはこと欠かない。

「浪人」「酒豪」「粗忽者」――。これが赤穂浪士の人気〝三羽烏〟の定まったキャラクターであり、庶民的な親しみ易さの理由でもある。日本人はあまり秀才的な堅苦しさを好まず、むしろ酒や粗忽ゆえの失敗が多い豪傑タイプ、落第生タイプをこよなく愛する。

異色の『琴の爪』

昭和三十二年（一九五七）、東宝、菊島隆三・若尾徳平脚本、堀川弘通監督『琴の爪』は異色の作品である。銘々伝という意味では、浪士の一人・磯貝十郎左衛門を扱った作品ではあるが、単純に銘々伝とは言い切れない内容を持つ。銘々伝というのは大体、赤穂退転以来の浪士たちの粒々辛苦を描くのが決まりだが、この映画は男女の抜き差しならない恋愛に焦点を絞っている点で、時代劇というより、むしろ現代劇に近い。

まず、この作品は真山青果の傑作戯曲『元禄忠臣蔵』の最終編「大石最後の一日」を原作としている。

つまり、これは「第一章　戦前の忠臣蔵映画」でも論じた、溝口健二監督『元禄忠臣蔵』の、あの磯貝十郎左衛門（河原崎国太郎）とおみの（高峰三枝子）の物語のリメイクとも言える。が、原作に忠実な『元禄忠臣蔵』とは違い、『琴の爪』ではかなり大胆な脚色が試みられていて、前者とは正反対と言ってもよい結末には少なからず驚かされる。

物語は、赤穂浪士の切腹の前日から始まって、翌日、切腹が終わるまでの二日間に凝縮されている。

吉良邸討ち入り後、大石内蔵助（松本幸四郎＝白鸚）はじめ浪士の主立った者十七人は、細川家に預けられていた。討ち入りからすでに五十日が経過したが、幕府からはいまだになんのお沙汰もない。世間は赤穂浪士を忠臣義士と持てはやし、助命嘆願の声はとみに高い。ことに将軍・綱吉自身が浪士たちを助けたがっているという噂も聞こえてくる。元々、死を覚悟して吉良邸に討ち入った浪士たちではあるが、予想外の成り行きに、「ひょっとして……」という甘い期待も頭をもたげてくるきょうこのごろではあった。

数人集まって話をしていた浪士の一人が、

「御赦免とまではいかぬまでも、遠島という……」

とつい期待を込めた言葉をポツリと漏らしてしまう。

するとそれを聞きつけたまだ若輩の磯貝十郎左衛門（中村扇雀＝現・坂田藤十郎）が、横合いから、

「馬鹿馬鹿しい想像ですな。われわれは死罪に決まっています。一味徒党は天下の御法度。よくて切腹。まかり間違えば磔《はりつけ》……」

とピシャリと冷や水を浴びせる
事実、この日、細川家から自分たちに花が贈られたのは、死が間近な証拠ではないかと十郎左衛門は達観して言う。

まるで自分一人は、すっかり覚悟ができているかのような口ぶりである。

しかし、一党を束ねる大石内蔵助の目には、そうした十郎左衛門の態度に、むしろ無理に肩をいからした虚勢のようなものを感じている。じつは十郎左衛門が最近、しきりに何かを思いつめ、苦しんでいることを内蔵助は見抜いていた。

翌日、浪士の世話役を務めるこの家《や》の堀内伝右衛門（二世中村鴈治郎）を通じて内蔵助に引き

合わせたおみの（扇千景）という女性が、しきりに十郎左衛門に会わせてくれと頼む。おみのは十郎左衛門と祝言を挙げる約束をしたが、彼は突然姿を消してしまったと言う。自分は敵の目を欺くために利用されただけなのか、それとも少しは自分に愛情を持っていてくれたのか、ただ、その一事を知りたいと思い詰めた表情で訴える。

『元禄忠臣蔵』とは正反対の結末

ここまでは溝口健二の『元禄忠臣蔵』と同じである。『元禄忠臣蔵』では、内蔵助（河原崎長十郎）が、その場に十郎左衛門を呼んで、こう言う。

「お主の懐中の鼻紙入れ。それを出せ。その中に紫の袱紗《ふくさ》に包み、琴の爪が一つ大事そうに収められている」

「…………」

十郎左衛門は自分が密かに隠し持っていた物を言い当てられて愕然とする。

おみのの胸に歓喜がこみ上げてきて、

「お頭様、もうお許しなされてくださいませ。十郎左様のお肌身にあの琴の爪が今の今まで、お持ちくだされたということだけで、おみのは嬉しゅうございます」

と満足げに言う。

昭和32年、東宝『琴の爪』の磯貝十郎左衛門（中村扇雀＝現・坂田藤十郎）とおみの（扇千景）

つまり、『元禄忠臣蔵』では、死の間際ではあるが、十郎左衛門とおみのの美しい恋は成就する。そして、おみのは「第一章　戦前の忠臣蔵映画」で述べたように「偽りを誠に返すため」自害して果てる。

ところが、『琴の爪』では全く違う。

せっかく内蔵助が十郎左衛門におみのを引き合わせても、彼は彼女を冷たく突き放す。

「……あのとき私は吉良家の者から怪しまれて進退極まっていた。ちょうど、そこへあなたとの縁談があったので、これ幸いと飛びついただけだ。お陰で敵の目を避けることができた。改めてお礼を言う」

そして十郎左衛門は、自分は敵を欺くためにあなたを利用しただけなのだ、と頑強に言い張る。

十郎左衛門はなぜこのように、ことさらに冷たくおみのを突き放すのか。それはやがて分かる。

いよいよ上使が下って赤穂浪士の切腹が始まり、十郎左衛門の切腹が終わったあと、自分の番を待っている内蔵助の元へ伝右衛門が再びやってきて、

「実は十郎左殿が、これを」

と袱紗に包んだ琴の爪を見せる。十郎左衛門はそれを最後まで肌身離さず持っていたと言う。

「十郎左殿はおみのを死なせたくないばっかりに……」

十郎左衛門がおみのにことさら冷たい態度で接したのは、彼女の命を助けるためだった、と伝右衛門は言う。

「伝右衛門殿、これをおみの殿に渡してやってはくださらぬか」

「いや、しかし……」

「そうしてやってください。だが、くれぐれも十郎左の気持ちを無にするな、末永く幸せに生きよと伝えくださいさい。一刻も早く！」

しかし、伝右衛門がその袱紗を持って彼女の元へ戻ると、彼女はすでに自害して果てたあとだった。おみのは、ついに十郎左衛門の自分への愛を知ることなしに、この世を去ったのである。

渾身の力を込めて男女の愛を謳い上げた戦前・戦中の『元禄忠臣蔵』に比べ、戦後の『琴の爪』のこの全く救いのない冷酷な結末は、一体なんに由来するものなのか。

この作品は、わずか五十四分の小品であるが、とても小品とは思えない内容の重さが感じられる。

大石内蔵助を演じた松本幸四郎（白鸚）は、この他にも、昭和二十九年の松竹の大作『忠臣蔵』と、三十七年の東宝の大作『忠臣蔵』で内蔵助を演じ、片岡千恵蔵と並んで、戦後の〝内蔵助役者〟の双璧であることは言うを待たない。

その幸四郎の演技であるが、二本の堂々たる大作の『忠臣蔵』と、ささやかな小品にすぎない

『琴の爪』を比べてみると、この『琴の爪』の演技が最もよいように思える。

というのは、大作の忠臣蔵だと、どうしても一党を束ねる頭領・内蔵助、英雄・内蔵助を演じざるを得なくなり、勢い迷いや悩みを秘めた等身大の人間像といったものは後景に退かざるを得ない。しかし、この『琴の爪』の内蔵助からは、そうした悩みも迷いもある生身の人間像が伝わってきて、私は好きだ。

磯貝十郎左衛門役の中村扇雀（現・坂田藤十郎）の演技も、感情を押し殺した冷たい感じがよく出ていた。

身分差別描く『元禄美少年記』

異色の銘々伝をもう一つ。それはまだ前髪の赤穂浪士・矢頭右衛門七《えもしち》を描いた昭和三十年（一九五五）、松竹、伊藤大輔監督『元禄美少年記』である。

忠臣蔵は、本来は大変悲惨な物語なのだが、この『元禄美少年記』は特に悲惨である。矢頭右衛門七（中村賀津雄＝現・嘉葎雄）の父・長助（三井弘次）は病気で心がねじくれてしまって、いつも妻（市川春代）に当たり散らしている。主君が刃傷事件を起こしてお家がつぶれ、首席家老の大石内蔵助（柳永二郎）たちに仇討ちの動きがあると知っても、病気のため同志に加えてもらうこともできない。ある日、長助は妻に「酒を買ってこい」と命じ、留守の間に壮絶な自殺を遂げる。右衛門七はその父の遺志を継いで、内蔵助に嘆願して同志の端に加えてもらう。

赤穂浪士の中の年少者は、大石内蔵助の嫡男・主税とこの右衛門七であるが、映画やドラマではこの二人は身分差を超えた友人同士だったと描かれることが多い。しかし、この映画では二人の間にそのような甘い友情関係は持ち込まず、家老の息子と軽輩の倅《せがれ》という厳然たる身分差に隔てられた存在として描いているのが特色だった。

身分差といえば、この映画は赤穂浪士の中の身分差別を描いている点で特殊である。この映画では右衛門七と寺坂吉右衛門（多々良純）と佐野正平（片山明彦）の三人は身分が低いため、浪士たちが二階で重要な会議を開いているときも参列を許されず、階下で食事の支度などをさせられている。

昭和30年、松竹『元禄美少年記』の矢頭右衛門七（中村賀津雄）㊨と寺坂吉右衛門（多々良純）

討ち入りの日までの生活資金である分配金も、この三人だけ、みなより少ない金額だった。同志として、対等の人間として扱ってもらえない不満が高じて、正平はとうとう酒と女に溺れて脱落してしまう。
そうした差別に耐えて盟約に残った右衛門七と吉右衛門だったが、討ち入りの夜、ついに耐え難いことが起こった。
「誰々は表門のどこそこ、誰々は裏門のどこそこ……」
浪士たちの集合場所では、主立った者が部署の分担を割り

振っていた。しかし、右衛門七と吉右衛門の分担はどこにもなかった。たまりかねた吉右衛門が主立った者に、

「おうかがい仕《つかまつ》ります。手前、並びに矢頭の両名はお指図に漏れておりまするが、いずれの部署にござりましょうや」

と恐る恐る尋ねると、

「そのほうどもは裏門外の警備だ」

とうるさそうな声が返ってくる。

裏門外の警備……。隠忍に隠忍を重ねてやっとこの日まで耐えてきたのに、吉良邸の中に入ることもできず、門の外でただ警備に当たっていろとは、あまりにも酷な仕打ちだった。しかし、上からの命令は絶対であり、一切口答えは許されない。二人は黙って裏門外の警備に付くが、顔には屈辱と絶望の色がありありと浮かんでいた。

そのとき、吉良家に奉公する右衛門七の恋人しの（雪代敬子）が、上野介の所在を知らせるため打ち鳴らす鼓の音が高らかに聞こえてきて、右衛門七は矢も楯もたまらず、槍を翻して門内に飛び込んで行く。

しかし、吉右衛門は門内に飛び込んで行くこともできず、その場に泣き崩れるのだった。

赤穂浪士が仇討ち本懐を遂げたあと、カメラがもう一度、裏門の外を映し出すと、そこにはもう吉右衛門の姿はない。ただ、真っ白な雪の上に彼の武器である鎖鎌《くさりがま》が打ち捨てられている。

吉右衛門は裏門の外にじっと佇《たたず》んでいるだけの屈辱的な任務に耐えきれず、とうとう逐電してしまったのである。

寺坂吉右衛門の逐電については、古来から「密命説」と「逃亡説」とがあるが、多くの映画は、討ち入り後、その次第を瑤泉院や浅野本家に報告させるため、大石内蔵助が彼を使いに出したという「密命説」を取っており、この作品のような「逃亡説」は非常に珍しい。

外伝ものの一番人気は俵星玄蕃

赤穂浪士の討ち入りを陰で支えた人物などを描く外伝ものの中では、槍の名人・俵星玄蕃《げんば》と、赤穂浪士に討ち入り道具を調達した義俠の商人・天野屋利兵衛が最も人気が高い。

俵星玄蕃を描いた映画では、昭和三十四年（一九五九）、東映、佐々木康監督『血槍無双』が決定版だが、天野屋利兵衛を描いた映画ではまだ決定版と言えるほどの作品がないのが残念である。

『血槍無双』の俵星玄蕃（片岡千恵蔵）は槍の道場を開いているが、偏屈で口が悪く、その上、稽古が荒っぽいため、とうとう一人も弟子がいなくなってしまう。そうした気難しい兄に文句も言わず、妹の妙《たえ》（花園ひろみ）が貧乏所帯を切り回している。そこへ夜鳴きそば屋の平次（大川橋蔵）という町人が弟子入りする。平次は実の名を杉野十平次といい、赤穂浪士だった。彼は忠義の志厚く、仇討ちの盟約に加わっていたが、生来の不器用で、武芸のほうは、からきし駄目だ

昭和34年、東映『血槍無双』。杉野十平次（大川橋蔵）と妙（花園ひろみ）は互いに魅かれ合う

った。

討ち入りの際は、自ら敵前に身を投げ出して斬られ、その間に味方に敵を斬ってもらおうと健気な覚悟を決めていた。しかし、せめて敵に槍の一突きなりと報いたいとの一念からの入門だった。むろん、赤穂浪士の身分を隠した上でのことである。

道場では連日、玄蕃が平次に荒稽古を付けて、打ち身や生傷が絶えなかったため、密かに彼を愛する妙の心が休まることがなかった。

そして、いよいよ赤穂浪士の討ち入りの夜、陰ながら別れを告げるべく平次が道場を訪ねると、玄蕃も妙もあいにくの留守で、俵星家の老婆が「これを」と差し出したのは一本の槍だった。

玄蕃は平次が赤穂浪士であることを、とっくに見抜いていて、晴れの討ち入りのはなむけに愛用の槍を贈ったのだった。

平次、いや、杉野十平次はその槍を携え、妙から貰った簪《かんざし》を鉢巻に挟んで吉良邸に討ち入り、玄蕃から伝授された畳返しの秘術で、あっぱれ縦横無尽の働きをする。畳返しとは、槍で畳を跳ね上げて敵に投げつけ、ひるんだ隙に相手を倒す無辺流の極意である。
十平次は稽古では畳返しが一度もできなかったが、敵を前にしたとき初めてそれができたのだった。

討ち入り当夜、杉野十平次は俵星玄蕃に習った槍術の腕で獅子奮迅の働きをする

「先生！　先生！　できたぞ！」

十平次は思わず、そう叫ぶ。

そのころ玄蕃は吉良邸に応援に駆け付けてきた上杉家の侍たちを、両国橋の上で待ち受け、大身槍を振るって次々と突き伏せていた。

この物語は外伝の俵星玄蕃の物語として語られることも、銘々伝の杉野十平次の物語として語られることもある。いずれにしても、赤穂浪士の討ち入りの陰に咲いた麗しい師弟愛の物語として、古くから親しまれている。

片岡千恵蔵が偏屈で気難しい武芸者を好演。いつも颯爽たる美剣士ぶりを披露する大川橋蔵が、珍しく、へっぴり腰の弱虫侍を演じているのが面白い。花園ひろみも、こんないい役をやっているのを他に見たことがない。

第十章　大河ドラマの忠臣蔵

忠臣蔵の新時代到来

昭和三十七年の東宝、稲垣浩監督の『忠臣蔵』が封切られた後、超大作の忠臣蔵映画は日本映画界からぱったりと姿を消してしまった。その後は、長い長い空白の時代があって、忘れたころに、

昭和五十三年（一九七八）『赤穂城断絶』　深作欣二監督
平成六年（一九九四）『忠臣蔵外伝　四谷怪談』　深作欣二監督
『四十七人の刺客』　市川崑監督
平成二十二年（二〇一〇）『最後の忠臣蔵』　杉田成道監督

と十六年ごとに三度四作、忠臣蔵映画の大作が復活したことは前にも書いた。

しかし、それはあくまでも散発的なものであって、忠臣蔵映画の超大作が毎年のように封切られる、いわゆる忠臣蔵映画の全盛時代は、すでに終わって久しかった。

ところが、ここに思いがけない事態が生じた。昭和三十年代の終わりに忠臣蔵映画が下火になると、まずＮＨＫが大河ドラマで忠臣蔵を何度も製作するようになり、次いで民放のテレビ各局も競って大作の忠臣蔵ドラマを作るようになってきたのである。

ＮＨＫの大河ドラマは第一作の『花の生涯』から平成二十七年の『花燃ゆ』まで五十四作を数えるが、その間に、

昭和三十九年（一九六四）　『赤穂浪士』　大佛次郎原作
昭和五十年（一九七五）　『元禄太平記』　南條範夫原作
昭和五十七年（一九八二）　『峠の群像』　堺屋太一原作
平成十一年（一九九九）　『元禄繚乱』　舟橋聖一原作

と忠臣蔵を四回も取り上げて、いずれも高視聴率を記録。映画の世界だけでなく、テレビでも忠臣蔵は〝独参湯〟であることを証明した。

大河ドラマの忠臣蔵の大きな特長は三つあり、その一つは、なんといっても一年間、五十回前後というその長さにある。時間にすれば一回四十五分としても四十時間近い長さである。

これに対して忠臣蔵映画は、超大作とはいっても、せいぜい三時間から三時間半であるから、浅野内匠頭の勅使供応役拝命から刃傷事件に至るまで、赤穂城開城、内蔵助の島原遊蕩と赤穂浪士たちの艱難辛苦《かんなんしんく》、そして討ち入り、と主要なストーリーを一通り描くと、それでもう時間がきてしまう。従って大きな寄り道ができない。枝葉のストーリーに分け入って、その成り行きを微に入り細を穿《うが》って描くことは到底無理であった。

しかし、大河ドラマならば、超大作の忠臣蔵映画十二、三本分の長さがあるわけだから、映画が割愛せざるを得なかった枝葉のストーリーも存分に描くことができた。一年間という時間をかけて、大きな時代の流れとそこに生きた人間の喜怒哀楽をたっぷりと描くことができた。これは脅威的な武器であった。

二つ目は、新鮮な配役による魅力である。

映画の場合、忠臣蔵映画の全盛時代は、各映画会社の所属俳優というものが決まっていたため、各社とも、いつも同じメンバー、同じ顔合わせで、その意味では些かマンネリを免れなかった。

しかし、大河ドラマならば、会社の枠に縛られることなく、映画、テレビ、新劇、歌舞伎の各界から、そのとき最も輝いている俳優をえりすぐって理想的なキャスティングを組むことができた。

『赤穂浪士』堀田隼人役の林与一、『元禄太平記』大石内蔵助役の江守徹、『峠の群像』石野七郎次役の松平健や浅野内匠頭役の隆大介のように、新スターの起用による清新な演技陣が大きな魅力の一つだった。

敵《かたき》役の吉良上野介の人間像も、大河ドラマによって大きく変わった。『峠の群像』の伊丹十三や『元禄繚乱』の石坂浩二のように、一ひねりも二ひねりもひねった上野介が茶の間に登場した。それは従来のように見るからに悪役然としたそれではなく、見識が高く口うるさくはあるが、それなりの人間味を備えた上野介だった。

三つ目は、新解釈である。映画の忠臣蔵は、どちらかといえばオーソドックスな作品が多く、新解釈による作品は観客が受け付けず、残念ながらほとんど成功しなかった。

市川崑監督の『四十七人の刺客』、深作欣二監督の『忠臣蔵外伝　四谷怪談』、杉田成道監督の『最後の忠臣蔵』といった作品が、その例である。

しかし、大河ドラマの場合は『元禄太平記』も、『峠の群像』も、『元禄繚乱』も、かなり大胆な新解釈による作品だったにもかかわらず、視聴者の拒否反応はなく、いずれも二〇パーセント以上の高視聴率をマークした。これは思い切って経済や政治的な視点を盛り込んだ忠臣蔵ドラマにしたことが、逆に現代人の関心を呼んだものと考えられる。

伝説の音楽に乗って——『赤穂浪士』

大河ドラマ最初の忠臣蔵は、言うまでもなく昭和三十九年、大佛次郎原作、村上元三脚本による『赤穂浪士』である。しかし、大佛の『赤穂浪士』は戦後だけでも、すでに昭和三十一年と三十六年の二度にわたって東映でオールスター映画として映画化されていた。

その東映の二度目の『赤穂浪士』からわずか三年後に、あえて大佛次郎の原作で『赤穂浪士』をテレビドラマ化するからには、NHKにも相当の覚悟と意気込みがあったと考えられる。

というのは、当時はまだ映画とテレビの差が歴然としてあり、映画に比べテレビは二つも三つも格下のメディアと見られていたからである。大河ドラマとは、その差を一気に跳ね返し、映画に勝るとも劣らぬドラマを作ろうという企図から生まれたものである。

大佛次郎の原作であるから、大石内蔵助（長谷川一夫）や浅野内匠頭（尾上梅幸）や吉良上野介（滝沢修）だけでなく、虚無的な浪人・堀田隼人（林与一）や、怪盗・蜘蛛の陣十郎（宇野重吉）や、女間者お仙（淡島千景）といった多彩な人物が織りなす群像劇で、村上元三の脚本が抜群に面白かった

柔和で色っぽい長谷川一夫の大石内蔵助が一世を風靡し、堀田隼人役の林与一も甘いマスクとニヒルな風姿で一躍人気が出た。

そして、その長谷川一夫の、やや鼻にかかった、

「おのおの方、討ち入りでござる」

「おのおの方、討ち入りでござる……」。昭和39年、NHK大河ドラマ『赤穂浪士』の大石内蔵助（長谷川一夫）

という独特な言い回しによる台詞《せりふ》は、当時、盛んにものまねの対象になり、流行語にもなった。

「堀田しゃん（さん）」

蜘蛛の陣十郎役の宇野重吉が相棒の堀田隼人に話しかけるときの、これまた独特なエロキューション……。

「つまらぬことだ……」

堀田隼人が二言目には口にする世をすねた口癖……。

「ダンダーン、ダダダダーン」

スラップスティックという打楽器が打ち鳴らす激しい打撃音。そして芥川也寸志が赤穂浪士の討ち入りを狂おしく謳い上げた伝説の主題曲。

大河ドラマ『赤穂浪士』は、数多くの話題や伝説に包まれている。しかし、ビデオテープが全然残っていないため、いまでは第四十七回の「討入り」しか見ることができないが、この一回を見ただけでも、そのド

ラマ作りの重厚さや意欲は伝わってくる。

まず開巻劈頭の吉良邸の門前の暗さに驚かされる。現在のドラマのように煌々《こうこう》としたライトに照らし出された吉良邸ではない。門灯などといったものはない江戸時代の夜は、本当に暗かったのである。

その門前に、先発した物見の赤穂浪士が二人たたずみ、あたりに注意を払いながら本隊の到着を待っている。そこへ雪の上に大きな影を落として、赤穂浪士の本隊が静々と歩を進めてくる。これは、あくまでも静粛に無音のうちに——である。

当時、忠臣蔵映画のメッカだった東映映画だと、勇壮な音楽をバックに、必ず四列縦隊に隊伍を組んだ赤穂浪士が、雪を踏んで早足に吉良邸へと殺到するわけだが、すでにしてここから違う。東映調の勇壮華麗とは一線を画した、リアリズム演出とでも言おうか。

吉良邸前に到着した赤穂浪士たちは、いきなり門内に乱入するのではなく、粛然と塀際にしゃがみ込んで、こそとも動かない。一同、内蔵助の指図を待っている。そして、

「改めて申し渡すこともない。銘々、かねての手はず、忘れぬよう!」

と内蔵助の下知《げち》があって、初めて動き出す。

しかし、このドラマでは、赤穂浪士が討ち入る際も、史実に基づいて陣太鼓などは一切鳴らさない。そして討ち入った後も、他の忠臣蔵映画やドラマのように一気に乱闘になるわけではなく、無人の庭や無人の廊下など、吉良邸のそこかしこにある静けさのようなものがある種の効果を上

げていた。

赤穂浪士の討ち入りを知った吉良家の小林平七（芦田伸介）は、清水一学（内藤武敏）と共に吉良上野介を炭小屋に隠し、赤穂浪士は一人も通さじと身構える。

上野介の実子・綱憲が当主になっている上杉家へ、危急を告げる知らせに走った使いの者が、

「無事に参ってくれればよろしゅうござるが……」

と気遣う一学に対して、平七はたとえ使いの者が無事着いたとしても、家老の千坂兵部も色部又四郎も到底、

「……助けの人数を繰り出してはくれまいよ」

と言い切る。助けの人数を出せば、上杉家お取り潰しの格好の口実を幕府に与えかねない。千坂も色部も、それだけは避けようとするだろう。上野介様は自分たちだけで守るしかない。そう平八は腹を決めている。

「覚悟はしていたが、悲しいものだのう。忠義というものは……」

と一瞬、目を瞑《つむ》って言う平七の声には、しみじみとした寂寥感がこもっている。

平七役の芦田伸介はこのときの好演が買われて、七年後の三船プロのテレビシリーズ『大忠臣蔵』（昭和四十六年）でも、同じ役を演じている。

この夜、赤穂浪士の討ち入りを突き止めた千坂兵部の密偵・堀田隼人は、土壇場で気が変わって、兵部には通報せず、彼らの行動を黙認する。戦前の千恵プロ、伊藤大輔監督の『堀田隼人』

昭和39年、ＮＨＫ大河ドラマ『赤穂浪士』の堀田隼人（林与一）

（昭和八年）や、八年前の東映、松田定次監督の『赤穂浪士』（昭和三十一年）でもそうだったが、堀田隼人が赤穂浪士の討ち入りを黙認するのは、すっかり〝決まりごと〟のようなものになってしまった。

　原作では堀田隼人は赤穂浪士に味方などせず、同じ密偵のお仙と心中してしまうのだが、映画やテレビドラマでは隼人は必ず赤穂浪士の味方をして、討ち入りを黙認する。

　これは、どうしても隼人に赤穂浪士の味方をさせないと気が済まない日本人の精神性を物語っている。日本人は、それこそ骨の髄まで赤穂浪士びいきなのである。

吉保と内蔵助の〝三度の対面〟——『元禄太平記』

『赤穂浪士』から十一年後の昭和五十年、大河ドラマに再び忠臣蔵が登場する。南條範夫原作、小野田勇・小幡欣治・土橋成男脚本による『元禄太平記』である。このドラマのユニークな点は、大抵の忠臣蔵映画やドラマでは、悪役として登場する柳沢吉保を主人公にしていることである。

一介の御小納戸役だった柳沢吉保（石坂浩二）は将軍・綱吉（芦田伸介）の寵愛を得て御側用人に抜擢されたことによって、一躍、政治の表舞台に躍り出、とんとん拍子に出世の階段を上っていく。

「いずれわしは老中にも、大老にもなってこの国を動かしてみたい」

吉保は現世的な栄達を夢見る自信満々の野心家である。無欲な正義派が多い時代劇の主人公の中では異色の人物と言ってよい。

美男で抜け目がなく、才気走った吉保を、若き日の石坂浩二が、まるで水を得た魚のように生き生きと演じている。

そして吉保が老中格となり、ついに大老格となって権力を手中にしたときに起こったのが、元禄十四年（一七〇一）の浅野内匠頭（片岡孝夫＝現・仁左衛門）の殿中刃傷事件であり、その翌年の大石内蔵助（江守徹）たち赤穂浪士による吉良邸討ち入りだった。

時の権力者・柳沢吉保と、その権力に反抗して吉良邸討ち入りをやってのけた田舎の小藩の家老・大石内蔵助――。二人は、このドラマの中では、生涯に三度だけ対面したことになっている。

最初は延宝四年（一六七六）の春。吉保十九歳、内蔵助十八歳のときである。江戸・下谷《したや》の火事騒ぎの最中、崩れかかってきた材木の下敷きになった吉保を助け起こしてくれたのが、そこへ通りかかった大石内蔵助だった。

「私は大石良雄《よしお》といいます。まだ部屋住みの身です」

良雄は内蔵助の名乗りである。

「申し遅れました。私は館林藩士・柳沢保明（当時はまだそういった）といいます。去年、家督を継いだばかりです」

二人は互いに相手に好意を感じ合って別れた。まさかそれが後年、宿命的な対決をする相手になろうとは、夢にも思わず――。

二度目はそれから二十六年後の元禄十五年（一七〇二）の正月である。この二十六年間に二人の立場は大きく変わった。一人は天下の仕置きを預かる大老格となり、一人は断絶になった元浅野家の家老である。

内蔵助は世の噂《うわさ》どおり、本当に仇討ちをするつもりなのか？　吉保はそれを見確かめるため、単身、赤穂浪士の会合場所に赴いて彼と面会する。

「よもや、あのときのあのお方が、いまをときめく柳沢様とは……。過ぎ去った二十数年が夢のようであります」

内蔵助はなんのこだわりもない笑顔で言う。

「わしも、あのときのあの武士が元赤穂藩の国家老・大石内蔵助殿とは思いもよらなかった。思えば不思議なご縁でござるな」

吉保も懐かしそうに言って、

「ハハハハハ……」

「ハハハハ……」

二人とも声を立てて笑う。

「それで柳沢様は、今日はどのようなご用事で？」

「……………」

吉保の顔が急に現実政治家の顔に変わって、それには答えず、逆にこう切り返す。

「内匠頭殿が亡くなられてから、そろそろ一年でござるな」

「…………」

昭和50年、NHK大河ドラマ『元禄太平記』の柳沢吉保（石坂浩二）

今度は内蔵助が答えず、二人の間に緊迫した沈黙が流れる。
亡き浅野内匠頭の弟・大学による浅野家再興が成らぬその時は、吉良邸討ち入りも辞さぬ構えの内蔵助――。権力者の沽券《こけん》にかけても、そのような無法は許さぬ吉保――。二人の対決は避けがたいものとなっていく。
三度目の対面は、元禄十五年の暮れに内蔵助たち赤穂浪士が吉良邸に討ち入って上野介の首級を挙げ、翌年の二月にお預け先の細川邸で切腹と決まったその日のことだった。吉保は細川邸に赴いて、内蔵助と最後の対面をする。しかし、このときは互いに相手の顔を見ることもなしに、襖越しに言葉を交わし合っただけだった。

「わしはお主に負けたようだな」

襖の陰から吉保が言うと、

「何を仰せられます。そこもとは天下の宰相。それがしは天下の罪びと」

内蔵助も襖越しにそう応えてくる。

「いや、五十年のち、百年後、おそらくおぬしの名は、わしの名を凌ぐであろう」

「……夢、夢のようなお話でござりまするな」

この時代の人間にとって柳沢吉保は、絶対的な権力の座にいる存在だった。だから、天下の大罪人である自分の名が、吉保の名を凌ぐ日が来るなどと言われても、内蔵助にはとんと合点のいかぬ話だったのだろう。ましてや自分らが行った吉良邸討ち入りが、三百年後の世にまで語り継がれることになろうとは、内蔵助自身、夢にだに……。

いずれにしても、これが吉保と内蔵助の最後の対面となった。

この後も、吉保は綱吉政権下で、数々の功績を立てて、加増に次ぐ加増を受け、栄光の絶頂に立つが、やがて綱吉の逝去によって、ようやく落日の時を迎える。微禄軽輩の吉保が最高権力者の地位にまで上り詰めることができたのは、ひとえに将軍・綱吉の寵愛によるものであった。その綱吉が亡くなり、吉保の反対派だった甲府綱豊《つなとよ》（木村功）が六代将軍・家宣《いえのぶ》となるに及んで、吉保は自分の時代の終わりを悟る。

あくまでも柳沢吉保の栄光の日々と落日の時を通じて、浅野内匠頭の刃傷事件や赤穂浪士の討ち入りを描いたこと――。それが『元禄太平記』というドラマの独自性である。

多角的視点で――『峠の群像』

昭和五十年の『元禄太平記』から七年後の昭和五十七年に、大河ドラマ三度目の忠臣蔵がお目見えする。堺屋太一原作、冨川元文脚本による『峠の群像』である。

これはそれまでの映画やドラマと比べても、最も斬新で意欲的な忠臣蔵だった。なによりも赤穂塩の生産や流通など、経済的視点による物語展開が新鮮だったし、大石内蔵助（緒形拳）、浅野内匠頭（隆大介）、吉良上野介（伊丹十三）、大野九郎兵衛（山内明）といった登場人物たちの現代的解釈が目を見張らせた。

中でも、隆大介の内匠頭は、武骨で、直情径行で、精神不安定で、いかにも刃傷事件を起こしてしまいそうな危うさが全身から感じられて出色だった。

緒形拳の平凡なサラリーマンのような内蔵助も、それまでにない新しい人間性を感じさせて親しみが持てた。

内匠頭が切腹させられたとの凶報がもたらされたとき、首席家老である内蔵助はあまりのショ

昭和57年、NHK大河ドラマ『峠の群像』の大石内蔵助（緒形拳）と妻の理玖（丘みつ子）

ックに、急使が差し出した書状も目に入らぬ様子で、ただ呆然としている。

すると、横合いから年長の次席家老・大野九郎兵衛が、じれったそうに、

「お先に拝見！」

と内蔵助の手から書状を引ったくってまず一読し、それから内蔵助に返してよこす。しかし、内蔵助はそれにも気付かず、ポカンと口を開けたまま、

「殿がご切腹……」

とつぶやく。

「しっかりなされ。これからすることは山ほどあるというのに、そのようなことでどうなさる！」

と大野の叱咤が飛ぶ。まさに経験を積んだ人間の落ち着きである。山内明がこの訳知りの苦労人を絶妙の上手さで演じて、大変説得力があった。

こんなシーンもある。

内匠頭の切腹の知らせを聞いて以来、内蔵助はすっかり度を失い、お家の大変だというのに、碁盤を持ち出してきて、呆気にとられている妻の理玖《りく》（丘みつ子）に相手をさせてみたり、トン

チンカンなことばかりしている。そして、

「何か召し上がりますか。昨日からほとんど召し上がっておりません」

と理玖が差し出した飯を、一口、口に入れた途端、

「ウッ、ウッ、ウッ……」

と飯粒をボロボロこぼしながら、顔を覆って泣き崩れる。それまで抑えていた内蔵助の悲しみが一気に噴出した感じで、見ているほうも思わず胸をつまらせてしまうシーンだった。

むろん、このドラマは、そうした人間的な弱さも持った内蔵助が、ついには敢然と権力に立ち向かっていくドラマでもあるのだが、あたふたと落ち着かない内蔵助を演じているときの緒形拳が妙に水を得ていて実にいい。

しかし、なんといっても、このドラマの一番注目すべきところは、石野七郎次（松平健）という人物を登場させたことにある。

石野七郎次役の松平健

石野七郎次は大石内蔵助たち赤穂浪士とは正反対の主張と信念を持った男である。彼は「仇討ちなどという不穏当なことは決してすべきではない」という考えの持ち主で、浅野家の断絶後も「塩の組」を作って、藩士たちの生活の道を講じていこうとする新しいタイプの武士である。そして武士のままの身分では「塩の組」を存続させていくこと

素良役の多岐川裕美

ができないと分かると、すっぱりと武士を捨て、町人として生きようとする。作者たち（原作、脚本、演出）は、明らかにこの石野七郎次の生き方に現代性を見て、多くのものを彼に託しているかのように見える。この物語の最大の独創性と言ってもよい。

その石野七郎次と塩問屋竹島の娘・素良《そら》（多岐川裕美）との恋愛も、このドラマを貫くメーン・ストーリーの一つである。元々は浪人だった石野は、経理の才覚を買われて浅野家に仕官し、塩の仕事を通じて知り合った素良と夫婦約束をするが、そこへ内匠頭の刃傷事件が起こって浅野家は改易となり、彼はまた元の浪人に逆戻りしてしまう。素良は石野に、「もし身の振り方に困っているのなら、自分の竹島に来て欲しい」と頼むが、石野にも男の面子《めんつ》があって、それはできない。藩の断絶と浪々の日々、石野の「塩の組」の命運、そして大石内蔵助らの吉良邸討ち入りという激動の中で、石野と素良の恋愛がどうなっていくのかが、このドラマの大きな見どころの一つになっている。

そして、もう一つ。このドラマで光ったのは、赤穂浪士の一人である片岡源五右衛門（郷ひろみ）の人物像である。源五右衛門は急進派の堀部安兵衛（関口宏）とも、慎重派の大石内蔵助とも和せず、仲間三人だけで吉良上野介を討とうとする。しかし、その三人のうち、一人は脱落し、もう一人ともついに決裂してしまって、結局、彼はたった一人で上野介の命を狙い続ける。そのためには、誰に迷惑がかかろうと一切関知しない。一党の頭領である大石内蔵助の言うことも一切聞かない。その徹底した独断専行ぶりが、ドラマをぐんぐん先へ進めていく。

そのえこじで、一徹で、一寸の妥協もない源五右衛門を演じた郷ひろみの、肝の据わったふてぶてしい面魂が非常に印象的だった。

その源五右衛門と可憐な娘・大文字屋ゆう（古手川祐子）との恋愛は、石野七郎次と素良の恋愛と並んで、この物語の二つの華やかな彩りである。

討ち入りの夜、吉良上野介は火鉢に手をあぶりながら、この日行われた茶会を振り返って、家老の小林平八郎（寺田農）に、

「久々の茶会で楽しかった」

と満足げに言い、

「年が明けたらまた（茶会を）開くか」

片岡源五右衛門役の郷ひろみ

とことのほか上機嫌である。そして、

「ちょっと障子を開けてくれ」

と障子を開けさせて、外の雪景色に目をやるが、すぐ、

「冷たい風に当たると背中の傷が痛んでの……」

とまた閉めさせる。しかし、その表情には、友人知人を集めて楽しい時間を過ごした満足感がしみじみと表れてい

る。まさか明け方には赤穂浪士の討ち入りが行われて、自分の命が奪われようとは夢にも思わない。

小林平八郎は夜中、ふと目が覚め、衣服を着けてわざわざ邸内の見回りに出る。

「静かすぎて却って眠れぬ」

と宿直《とのい》の者に声をかけ、門の外にまで出て、異状がないか見確かめる。それから寝所に戻って、

「さて、もう一眠りするか」

と再び床に就くが、赤穂浪士が討ち入ったのは、その明け方だった。小林は吉良家の紋所の付いた羽織を拝借して敵中に飛び出し、身代わりとなって死ぬ。

普通の忠臣蔵映画やドラマでは、刃傷事件に関して、まるで上野介の側にだけ非があるかのように描かれるのが常識だが、このドラマでは、明らかに内匠頭の側にも幾分の非があり、どちらが悪いとも一概に判定できない。また、吉良邸討ち入りに関しても、討ち入った赤穂浪士の側にだけ正当な理があるのではなく、それには加わらなかった石野七郎次や大野九郎兵衛の側にも、人を納得させるに足る正当な理がある。

つまり、このドラマは赤穂浪士の側にだけ身を置いた一方的な忠臣蔵物語ではなく、赤穂浪士以外の人間たちの側にも十分な視点を置いて、公平を期した物語として画期的だった。

赤穂浪士が吉良邸に討ち入ったことによって、それに加わらなかった人たちは「不忠者」として世の非難を浴び、再就職していた浪士がとうとうクビになってしまう悲劇も、このドラマでは

描かれている。これは他のドラマには、あまりない新しい面である。

女性陣も華やかに――『元禄繚乱』

平成11年のＮＨＫ大河ドラマ『元禄繚乱』で大石内蔵助を演じた中村勘九郎（勘三郎）

『峠の群像』から十七年後の平成十一年に大河ドラマ四度目の忠臣蔵が登場した。舟橋聖一原作、中島丈博脚本による『元禄繚乱』がそれである。

『元禄太平記』と『峠の群像』は、主として経済的視点によるドラマだったが、『元禄繚乱』は、内匠頭の刃傷事件の背景には政治的な策略があったという新解釈によるドラマであった。中村勘九郎（勘三郎）が演じた内蔵助は、ちょっと軽薄で、ひょうきんで、女好き……。長谷川一夫、江守徹、緒形拳といった俳優が演じてきたこれまでの大河ドラマの内蔵助のイメージからはだいぶ逸脱したものだった。

忠臣蔵といえばどうしても男性中心の物語になりがちだが、このドラマでは、浅野内匠頭（東山紀之）の妻・阿久利（宮沢りえ）、大石内蔵助の妻りく（大竹しのぶ）、そして内蔵助の二人の妾おまさ（南果歩）とお軽（安達祐実）、女間者お順（高岡早紀）、将軍・綱吉の母・桂昌院（京マチ子）など女性の登場人物も多彩で、それぞれ自己主張のある人間像を演じているところが面白い。

中でも愛する男性から引き離されて将軍・綱吉（萩原健一）の側室にさせられ、それからさらに時の権力者・柳沢吉保（村上弘明）の側室に下げ渡された飯塚染子（鈴木保奈美）が、子を産むことによって、強いしたたかな女性に変身していくプロセスは非常に見応えがあった。

お正月に映画館で見るものだった忠臣蔵物語が、大河ドラマの出現によってお茶の間で一年間かけて楽しむドラマに変わった。これが昭和三十年代の終わりから現在にかけて起こった大きな変化だった。

そして、それ以降は、忠臣蔵ドラマの主舞台が完全にテレビに移っていく。

物語時間の決定的な変化

大河ドラマの参入によって忠臣蔵ドラマに大きな変化がもたらされたことはたしかだが、中でも決定的だったのは物語時間の変化である。

普通、忠臣蔵の物語は、浅野内匠頭の刃傷事件が起こった元禄十四年三月十四日から、赤穂浪士の討ち入りが行われた元禄十五年十二月十四日までの、およそ二年足らずの物語である。あるいは、せいぜい赤穂浪士が切腹して果てる元禄十六年二月四日までの物語である。

しかし、大河ドラマの出現によって、この物語時間は大きく変化してしまった。

最初の『赤穂浪士』は別としても、二度目の『元禄太平記』は、浅野内匠頭の刃傷事件の十三年前、つまり元禄元年に、当時まだ三十一歳の御小納戸役にすぎなかった柳沢吉保が、将軍・綱吉によっていきなり御側用人に任命され、一躍政治の表舞台に登場するところから始まるドラマであった。

その次の『峠の群像』は、内匠頭の刃傷事件から数えて七年前の中山（堀部）安兵衛の高田馬場の決闘から始まり、それからさらに七か月前の内匠頭の参勤交代の道中にまで話が遡っていくドラマ構成であった。

そして、最後の『元禄繚乱』も、内匠頭の刃傷事件に遡ること二十三年前、まだ二十歳だった大石内蔵助が、上杉家の色部又四郎と花の吉原で出会うところから始まる物語だった。

つまり、三作とも、それから内匠頭の刃傷事件が起こり、赤穂浪士の討ち入りが起こるまでの延々十年間、二十年間に及ぶ浅野家と吉良家の歴史を描き、はてはその間《かん》の世の有為転変を描くという長大な歴史ロマンであり、それが大河ドラマがもたらした物語時間の画期的な変化でもあった。

長い長い時間の中における人間の喜怒哀楽と栄枯盛衰。これこそ日本人が最も好む物語形式であった。大河ドラマによる忠臣蔵物語の成功の原因は、このへんにもあると思われる。

〈忠臣蔵への視点Ⅲ〉

赤穂浪士はなぜ討ち入ったのか

大石内蔵助を首領とする赤穂浪士は、なぜ吉良邸討ち入りという極端な暴力行動に出たのだろうか。

こうした問いは、人によってはあるいは奇異に感じられるかもしれない。というのも、われわれは普通、赤穂浪士の討ち入りを、浅野内匠頭の刃傷事件と切腹、赤穂藩の断絶、吉良上野介の存命という、一連の物語連環が生む当然の帰結として、いとも簡単に受け入れてしまう先入観を持っているからである。

しかし、浅野内匠頭の刃傷事件に端を発する一連の経緯と、吉良邸討ち入りという矯激な武力行動との間には、いかに封建時代における武士の行動とはいえ、そこには現代の常人の理解を超えた断絶が厳然として横たわっていると言わざるを得ない。

結論から先に言えば、彼らを吉良邸討ち入りへとまっしぐらに駆り立てていったものは、望みなき時代に生きることを拒絶して、名を千載に残そうとする凄まじいばかりの〝狂気〟である。みずからの武威を立て、武士の意地を貫くことを専一とする一種の〝狂気〟である。

徳川時代における大名家の歴史は、取りも直さず幕府権力による壮絶な廃絶・改易の歴史であったと言っても、決して過言ではない。ことに五代将軍・綱吉の時代は過酷を極め、二十九年間の治世になんと五十家近い大名が取り潰されている。つまり、毎年一、二家の大名が取り潰されていた勘定になる。

ちなみに綱吉以後、六代将軍・家宣から、最後の将軍である十五代将軍・慶喜《よしのぶ》までの百五十八年間に取り潰された大名家はおよそ四十家である。つまり六代将軍・家宣以降十人の将軍の百五十八年間に及ぶ治世下における廃絶大名の数よりも、綱吉一代の治世下における廃絶大名の数のほうが多かったことになる。

浅野内匠頭は殿中刃傷という天下の大法を破ってしまったので、仕方がないとも言えるが、ほんの些細な落ち度を咎められて改易処分を受けた例も枚挙に暇《いとま》がない。

だが、改易された大名の遺臣が、

昭和33年、大映『忠臣蔵』の一場面。中央は大石内蔵助役の長谷川一夫

幕府に対して抗議がましい挙に出たり、武力行動に出た例は、残念ながらただの一件もない。赤穂浪士の討ち入り以前にも、以後にも――。

それほど幕府の権力は絶大であり、反対に大名家は自藩の安泰にのみ汲々としていたのである。しかも、時は、歴代将軍の中でも最も強大な権力を掌中に収め、一代の専制君主として天下に君臨した五代将軍・綱吉の治世下である。世は打ち続く平和に慣れ、物質繁栄、金銭崇拝、肉欲享楽の気分が沸騰した元禄の御代《みよ》である。士道は遊惰に流れ、奢侈と泰平の風《ふう》が上下《しょうか》にみなぎっていた。

このような時代風潮の中で、将軍お膝元たる花のお江戸のど真ん中で、つい先年まで幕府の要職にあった高家筆頭・吉良上野介の屋敷に飛び道具を携え、徒党を組んで夜襲をかける輩があろうなどと、一体、誰が想像し得ただろうか。

平和に倦《う》んだ江戸市民や浅野同情派が、いまかいまかと待ち望んでいたかのような言説をなす人がいるが、見当違いも甚だしい妄説と言わざるを得ない。

上杉家の侍医で矢尾板三印という人が、赤穂浪士の討ち入り後に出した書簡の中に、「当家から吉良家に、せめて足軽の二十人も配備していたら、これほどの不覚を取ることもなかっただろうに」と残念がっている部分がある。

「これほどの不覚」とは、朝廷から四位の少将という高い官位まで受けている名流中の名流である吉良上野介が、浪人集団ふぜいに易々と討ち取られてしまったことを指している。

上杉家は、言うまでもなく上野介の実子・綱憲を当主に頂く上杉謙信公以来の武勇の家柄である。

この書簡は、浅野旧臣の動静に最も敏感であるべきはずの上杉家ですら、赤穂浪士の吉良邸討ち入りを全く予測していなかったことを意味すると同時に、討ち入り当夜、上杉家からの付人など一人もいなかったことを裏付けるものである。

このように、赤穂浪士による吉良邸討ち入りは、誰もが予測できなかった突発事件であり、襲撃を受けた吉良方にとっては、それこそ寝耳に水の珍事だったのである。例を現代史に限っても、誰があの連合赤軍のあさま山荘事件を予想し得ただろうか。誰が三島由紀夫の割腹自殺事件を予測し得ただろうか。

これと同じように、赤穂浪士による吉良邸討ち入りも、事件が起こった当初は、やはり衆人を驚かせ、聳動《しょうどう》させるに足る異常事件だったはずである。ただ、人間は時間が経つに従って、事件に合理的な解釈を施し、その異常性や衝撃を少しずつ減殺していく。そしてついには、どんな異常な事件も、その発端となった先行事件（忠臣蔵の場合は刃傷事件や幕府の裁決）との因果関係において、あたかも当然起こるべくして起こった事件であるかのように整序し、歴史の中に位置づけていく。

われわれが赤穂浪士の討ち入りを、自明のこととして少しも疑わないのも、このことと無縁ではない。

また、赤穂浪士の討ち入りを、当時の幕閣が黙許していたという説を多くの人が唱え、こんにちではそれがあたかも通説のようなものになってしまったが、これも私に言わせれば、この時代の警察秩序とか、権力の体面といったものをあまりにも知らない珍説としか言いようがない。

幕閣の仇討ち容認論の根拠の一つに、大石内蔵助が出府後に国元へ出したとする手紙なるものがある。その手紙の中で、内蔵助は大略、

「同志の者たちや私が江戸に潜入したことを、老中方もご存知のはずなのに、いまだになんのお取り調べもない。きっと、われわれが吉良邸に討ち入るまでは、知らんふりをしてくれるつもりなのだろう」

といった意味のことを述べている。しかし、この手紙は実は、作家の海音寺潮五郎などが偽書と断じて憚らない（前掲『赤穂義士』）代物であることも、しっかり頭に入れておく必要がある。

百歩譲って、この手紙が本物だとしても、言ってみればそれは大石内蔵助の希望的観測というものである。人は誰でも何か大事を成そうとするとき、「ことは万事、われに有利な方向に進んでいる」と考えたがる。それは大事決行を目前に控えた人間の、不安の裏返しでもある。

老中たちは、赤穂浪士の討ち入りを知っていながら見逃したのではない。ただ単に知らなかっただけのことなのだ。

仇討ち容認論のもう一つの根拠は、幕府がそろそろ吉良上野介を見離しはじめていたことと、浅野びいきの世論であるが、どんなに世間の評判が浅野に同情的だろうと、また吉良に批判的だ

ろうと、外様大名を監視し、浪人者を取り締まり、体制の維持強化に努める幕府が、不逞《ふてい》浪人の暴挙を黙認するはずがない。

もし、数十人の人間が吉良邸に討ち入ることにでもなれば、どれほど多くの死傷者を出すかもしれない。また、どんな大騒動に発展するか予測もつかない。

それに、もし赤穂浪士が吉良邸に討ち入ったりした場合、最も恐ろしいのは吉良邸から火が出ることである。当時は行燈《あんどん》や蠟燭《ろうそく》の明かりで暮らしていた時代である。火鉢や炬燵《こたつ》で暖を取っていた時代である。ちょっとしたことで火が出る。当時の住居は武家屋敷も町家も非常に燃えやすい畳や障子や襖でできている。火が出れば必ずと言ってよいほど大火になってしまう。それが住宅の密集した江戸の町の恐怖だった。

幸い、赤穂浪士は討ち入り後、火鉢や行燈に水をかけるなど火の元の始末を十分にしてから引き揚げたので、大事には至らなかった。

幕府権力の威信という点から見ても、治安維持の観点から見ても、当時の幕閣が赤穂浪士の討ち入りを黙許するなどということは到底あり得ないことである。

忠臣蔵の名で知られる赤穂浪士の討ち入り事件には、長く巷間に信じられてきたいわゆる通説、俗説の類があまりにも多くまつわりついていて、われわれはその歴史的真実から限りなく遠ざけられている。

終章　忠臣蔵とは何か

忠臣蔵映画には、あらかじめ定まった形というものがある。この章では、私たち日本人が最も慣れ親しんできた忠臣蔵映画の不変の定型とでも言うべきものを探ってみたい。

私たちが普段見ている忠臣蔵映画には、講談、浪曲、芝居など古くから伝えられてきた典型的な忠臣蔵物語が色濃く反映されている。

近年多い異説や新説の類いではなく、古来から語り継がれてきた忠臣蔵物語の決まりきったパターンの中にこそ、日本人の心を揺り動かしてやまない秘密が潜んでいると考えられる。

刃傷事件といじめ

ごく一部の例外を除いて、あらゆる忠臣蔵映画は松之廊下における浅野内匠頭の刃傷事件から始まる。といっても、いきなり刃傷事件から始まるのではなく、それに先立ち吉良上野介によって内匠頭に加えられる嫌がらせといじめの数々がたっぷりと描かれるのが通例である。忠臣蔵映画に日本人が共鳴する大きな理由の一つは、それが〝いじめの物語〟であるという点にあるのではないだろうか。

日本という国は、昔も今も変わらぬ救いようのない〈いじめ社会〉であり、私たち日本人は誰でも、会社やお役所や学校や職場で大なり小なり悪質ないじめを経験している。だから上野介によって内匠頭に加えられるいじめは、日本人にとって決して他人事ではないのである。内匠頭が受けるいじめや屈辱を、日本人が共通の体験として、一人一人の体の中に持っているということ。これが忠臣蔵という物語が大衆の中に不滅の幻像として成立する最大の原因ではないだろうか。

そのため、内匠頭が屈辱に耐えかねて殿中で御法度の刀を抜くとき、私たち観客もまた一緒になって上野介に斬り付けているのである。逆に言えば、内匠頭は、現実生活の中では刀を抜くことができない私たち日本人の代わりに刀を抜いて、不合理なもの、無体なものの象徴である上野介に斬り付けているのである。その意味では、昔も今も変わらぬ〈いじめ社会〉の中で生息している私たち日本人の代理行為であり、犠牲の子羊なのである。

内匠頭とは、潔癖で、世間知らずで、不器用な生き方しかできない、私たち日本人男性の悲しき典型像なのである。忠臣蔵物語への共鳴のカギは何か。内匠頭に共感、同情できるかどうか。これが忠臣蔵を受容できるか否かのカギであるような気がする。

上野介の度重なるいじめとそれに対する暴発――。つまり内匠頭の刃傷を、追いつめられた

昭和 36 年、東映『赤穂浪士』の浅野内匠頭（大川橋蔵）㊧と吉良上野介（月形龍之介）

羊のやむを得ざる激発として描くこと。それが忠臣蔵映画の必須条件であり、上野介のいじめが、悪質で執拗であればあるほど、観客の同情は内匠頭に集まる仕掛けになっている。その意味では、上野介のいじめは、忠臣蔵映画の必要不可欠な条件と言ってよい。

しかし、たとえば昭和十六年の溝口健二監督『元禄忠臣蔵』前篇や、昭和三十二年の大曽根辰保監督『大忠臣蔵』や、昭和五十三年の深作欣二監督『赤穂城断絶』では、内匠頭の刃傷の原因を自明のこととして、すっぱりとカットしてしまい、いきなり松之廊下で内匠頭が上野介に斬り付けるところから始めている。

確かに、いきなり内匠頭の刃傷から始めて、その原因を遡及的に解明していくドラマツルギー（作劇法）というものはあり得るし、私自身もそうしたドラマツルギーによる本格的な忠臣蔵映画の成功例をぜひ見てみたいと思う。しかし、これまでのところは、そうした映画は、残念ながら成功していない。

というよりも、いま挙げた三本は、刃傷場面から始めて遡及的にその原因を追求しているのではなく、上野介によるいじめを、ただ自明のこととして省いてしまっただけ、という憾《うら》みが残る。しかし、忠臣蔵という物語は不思議なもので、内匠頭が上野介から受けるいじめの数々を自明のこととして省略してしまうと、どうしてもドラマとしての座りが悪くなってしまう。どうしても内匠頭に対する共感と同情が湧いてこない。これは忠臣蔵ドラマとしては致命的なことではないだろうか。

ところが、平成六年の市川崑監督『四十七人の刺客』では、内匠頭が刃傷に至るまでのプロセスだけではなく、刃傷シーンそのものをカットしてしまい、物語は大石内蔵助（高倉健）が仇討ちをするため、江戸入りをするところから始まる。そして刃傷シーンそのものは、ずうっと後になって、ほんのワンカット、回想風に挿入されるだけである。そして、そもそも内匠頭の刃傷事件の原因そのものが、この映画では疑惑に包まれた謎として描かれている。

ただ、そうなってくると、それに続く物語が、そもそもの原因を欠いたまま展開されていくわけだから、すべてが空転しているような印象を拭えない。

上野介によって加えられるいじめの数々と、内匠頭が激発する松之廊下の場面と、それに続く内匠頭の切腹シーンをたっぷりと時間をかけて描くこと。これが忠臣蔵映画の定石であり、定石ではあるが決して外せない、省略しても、簡略化してもならない、いわば忠臣蔵映画の生命であり、骨法なのである。

桜の庭での「主従の別れ」

刃傷が未遂に終わり、内匠頭がお預け先の田村邸で切腹と決まったとき、映画では必ず家来の片岡源五右衛門との「主従の別れ」の場面がある。

この場面が見る者の心を打ってやまないのは、それが終始「無言」のうちに行われるからである。源五右衛門は、田村家の者の温情で内匠頭との対面は許されたが、口をきくことは一切禁じられている。桜の木陰から、そっと主君の最期の姿を拝み見るだけである。

死に装束の内匠頭が切腹の座に向かうため、渡り廊下に姿を現すと、源五右衛門はたまらず満開の桜の木陰から飛び出して、内匠頭の前にぬかずく。

「…………」

内匠頭は驚く。しかし、その面《おもて》には言い知れぬ喜色が表れている。内匠頭は内心の苦しみを誰にも打ち明けることができないまま、人知れず死んでいくつもりであった。そこへ思いがけず、自分を最も理解してくれる家来である源五右衛門が会いにきてくれた。内匠頭の喜びは、いかばかりであったろう。

「…………」

源五右衛門は目に涙をため、唇をわななかせて内匠頭を仰ぎ見る。

桜の庭での主従の別れ。昭和34年、東映『忠臣蔵』における浅野内匠頭（中村錦之助）㊧と片岡源五右衛門（原健策）

「……………」

源五右衛門の胸に抑えても抑えても嗚咽《おえつ》が込み上げてくる。万感を込めて互いに見交わす目と目。言わず語らずのうちに相手の心中を察し合う二人。やがて内匠頭はわずかな微笑を残して廊下の彼方に消え、あとにはハラハラと舞い散る桜の花びらだけが残る。言わず語らずのうちに通じ合う心と心――。これが日本的コミュニケーションの極致である。

普通、片岡源五右衛門役の見せ場は、この場面しかない。

この源五右衛門役は、昭和三十一年、東映、松田定次監督の『赤穂浪士』における原健策が最もよい。家臣ではあるが年長者としての内匠頭への思いやりに満ちた所作と別れの場面における名演技で永久に記憶される。原健策はこのときの好演により、三年後の同じく東映『忠臣蔵』でも源五右衛門を演じているが、今生の別れの場面は、やはり初回の『赤穂浪士』が抜群によく、まずは決定版と言って間違いないだろう。ちなみにこのときの浅野内匠頭は東千代之介である。

ＮＨＫの大河ドラマ『峠の群像』では、隆大介の浅野内匠頭が源五右衛門との対面を終えて切腹の場に向かうとき、田村邸の庭一面に赤々と夕日が差しているのがじつに効果的だった。

この別れの場面で、内匠頭と源五右衛門が、

「源五か、よく来たな」

「殿、お言葉を」

「無念じゃ」

といった会話を交わす映画やテレビドラマがよくあるが、これはもう愚の骨頂で、ぶち壊し以外のなにものでもない。

この場面は、あくまでも「無言」であることが絶対の条件である。とうとう刃傷にまで立ち至った内匠頭の苦しい胸の内。死の座に赴く主君を見送る源五右衛門の張り裂けるような胸の内。無言の中にこそ、人間のすべてが込められている。無言こそ人間の最上の表現手段である。

内匠頭の切腹

松之廊下の刃傷場面と、桜の庭での主従の別れ、そして浅野内匠頭の切腹場面は、内匠頭の出演場面の中でも最も重要な〝三点セット〟である。

吉良上野介の執拗ないじめと内匠頭の暴発を描く刃傷場面は、忠臣蔵映画のほとんど侵すべからざる聖域と言ってよい。主従の別れの場面は日本的な心情交流の代表例であろうし、切腹場面はそれこそ日本的無常観と美意識の見本のようなものである。

静かに辞世の歌をしたためる浅野内匠頭（中村錦之助）。昭和34年、東映『忠臣蔵』

この三つの場面によって、内匠頭の悲劇性はいや増しに高まり、満場の観客の同情が集まる仕組みになっている。特に、

風誘う花よりもなほ我はまた
春の名残をいかにとやせむ

の辞世の歌と共にこの世を去る内匠頭の切腹場面は、日本的映像美の白眉である。真っ白な切腹の座と、内匠頭の純白の死に装束。

内匠頭がいままさに短刀を腹に突き立てんとした瞬間、背後に回った介錯人の大刀が一閃し、桜の花がハラハラと舞い降りる。

内匠頭の切腹場面は、このように大抵は間接表現である。直接、内匠頭が短刀を片腹に突き立てるシーンを見せるわけではない。大刀の一閃と舞い落ちる桜の花びら。そしてあたりに満ちる静寂——。この〈静寂と純白の美学〉こそ日本的映像美の極致と言ってよい。

内匠頭の切腹場面は、忠臣蔵映画のどの場面よりも美しく、悲痛で、日本人の心を打つ場面である。

そして演じる俳優にとっては、最も難しい演技を要求される場面でもある。松之廊下の刃傷場面は、激情による芝居なので、まず誰でも演じることができる。主従の別れの場面も、多少の演技力さえあれば、まずまず演じることができるだろう。しかし、切腹の場面は至難の技である。

刃傷からはすでに数時間が経過しているので、内匠頭もそれなりの落ち着きを取り戻している。武士として死に臨む覚悟もすでにできている。しかし、いくら覚悟はできているとはいっても、死にゆく者の哀れさ、悲しさ、無念さも表現しなくてはならない。全くこんな難しい演技は他に見当たらない。

そのため内匠頭を演じる俳優は、まずは目も覚めるような白面の貴公子でなくてはならない。戦後の忠臣蔵映画の全盛時代には、東千代之介、市川雷蔵、中村錦之助、大川橋蔵といった美男俳優が内匠頭を演じて満天下の女性の紅涙を絞ってきた。

内匠頭役者が気高く、美しく、悲劇的でなければ忠臣蔵映画は成立しない。そうした意味では、近年のテレビドラマにおける内匠頭役者は、気品や美しさや、肝心の悲劇性に欠け、誠に残念ではあるが、ことごとく失格と言わなくてはならない。

立花左近との対面

忠臣蔵映画のヤマ場の一つに、大石内蔵助と立花左近（垣見五郎兵衛の場合も）の対面がある。吉良邸討ち入りを決めた内蔵助は、人目をはばかるため九條家用人・立花左近と身分を偽って江戸へ下る途中、本物の立花左近と遭遇する。本物の立花左近は内蔵助に対して、

「汝がまことの立花左近に相違なくば、九條家の道中手形を見せよ」

と要求を突きつける。しかし、内蔵助が傍らの文箱《ふばこ》から取り出して左近に見せたものは、ただの白紙だった。

「…………」

左近が思わず文箱に目を走らせると、「違い鷹の羽」の紋所が付いている。「はっ」と胸を突かれた左近が、相手の羽織を見ると、「二つ巴」の紋所である。

この時代、「違い鷹の羽」が播州・赤穂の浅野内匠頭の紋所であり、「二つ巴」が大石内蔵助の紋所であることは誰でも知っている常識であった。

昭和33年、大映『忠臣蔵』の大石内蔵助（長谷川一夫）㊧と垣見五郎兵衛＝立花左近（二世中村鴈治郎）の対決場面

左近は、ここで万事を了解する。いま自分の目の前にいる人物は、実は赤穂の大石内蔵助で、主君の仇を討つため江戸へ下る途中なのだ、と——。

そこで左近は、心ある武士の度量を見せて、

「恐れ入りました。貴殿こそはまことの立花左近殿でござる」

と引き下がる。この場面の内蔵助と左近の間に成立する暗黙の了解を、俗に〝腹芸〟と言う。互いに口には出しては言わないが、目と目、腹と腹とで相手の意中を察し合う。これが日本人特有の〝腹芸〟であり、言葉には出さなくてもコミュニケーションが成り立つことを、私たち日本人は最上の理想とする。

そして、この場面における内蔵助の劇的シチュエーションは何かと言うと、それは〈真実を言いたいけれども、それを言うことができない苦しい立場〉である。内蔵助としては、なろうことなら、自分が身分を偽って道中している理由を包み隠さず打ち明けて、相手の理解を乞いたいところである。が、相手がそれに快く応じてくれるかどうかも分からないのに、そうした危険な賭

けに出ることは、吉良邸討ち入りという大事を間近に控えた内蔵助には到底できることではない。そこで内蔵助は、ひたすら目で相手に懇願するしかない。これが内蔵助が置かれた苦しい立場である。

この場面が、なぜ日本人の心を打つのかと言うと、このとき内蔵助が立たされた苦しい立場が、日本人の普遍的な体験と重なるからである。私たち日本人は歴史的、社会的に、〈真実を言いたいけれども、言うことができない苦しい立場〉にいつもいつも置かれてきた。それは江戸時代だろうと、明治・大正の時代だろうと、あるいは昭和・平成の時代だろうと本質的に変わらない。要するにそれは日本人がいつも陥ってきた落とし穴のようなものだからである。

南部坂雪の別れ

討ち入りの夜、故内匠頭の未亡人・瑤泉院の元を訪ねた大石内蔵助が逢着した状況も、立花左近のときと同じものだった。

亡君・内匠頭の切腹以来、実に一年と十か月（閏月を含むため）。今宵こそ吉良邸討ち入りと決まったその日、内蔵助は南部坂の瑤泉院を訪ねて、それとなく別れを告げようとする。瑤泉院にしてみれば、信頼措《お》くあたわざる内蔵助との久々の邂逅《かいこう》であり、懐かしさもひとしおである。それにまた、わざわざこうして自分を訪ねて来てくれたからには、もしや仇討ちの日も近いのでは、

討ち入りの夜の大石内蔵助（片岡千恵蔵）と瑤泉院（大川恵子）。昭和 36 年、東映『赤穂浪士』

と期待も募り、そわそわと内蔵助の言葉を待つ。しかし、内蔵助の申し条は意外なものであった。内蔵助は、

「さる西国筋の大名に仕官が決まりましたので、その暇乞《いとまご》いに参上致しました」

と言う。じつはこれは瑤泉院の側に付いていた腰元の一人が、吉良の間者であることを目ざとく察知した内蔵助の咄嗟《とっさ》の方便であった。もし、この腰元の一件がなければ内蔵助は、今宵の討ち入りのことを瑤泉院に打ち明けていたかもしれない。しかし、内蔵助の苦しい胸の内など知らぬ瑤泉院は、怒りにまかせて、

「殿さまの敵を討つ気はないか！　ないか！」

と内蔵助をさんざんなじり、襠《うちかけ》の裾を翻してその場を去ってしまう。

結局、内蔵助は今宵の討ち入りのことは瑤泉院に告げぬまま辞去する。瑤泉院は内蔵助が置いていった巻物（実は討ち入りの連判状）をあとで見て、自分の取った態度を後悔し、陰ながら内蔵助に手を合わせる。

このように〈真実を言うことができない事情や立場〉に置かれた人間の苦衷を描くことは、忠

臣蔵映画の最も重要なモチーフであった。しかし、それは、ひとり忠臣蔵映画だけではなく、そもそも日本の時代劇が伝統的に描いてきたモチーフでもあった。

そして、よくよく考えてみると、忠臣蔵や時代劇だけではなく、演劇や文学や大衆芸能を含めた日本の多くの文芸が昔から描いてきたものも、実はこの〈真実を言うことができない立場〉に置かれた人間の苦衷であったことに気付かされる。

〈真実を言うことができない苦衷〉――。それはおそらく世界に類例のない日本特有の劇的シチュエーションであると言ってよい。そして、それは私たち日本人が歴史的、社会的に背負わされてきた苦しみであると言っても、それほど間違いではない。

脱落浪士たちの墓碑銘

忠臣蔵映画を考えるとき、忘れてならないのは〈脱落浪士〉と呼ばれる人たちのことである。赤穂浪士は吉良邸に討ち入って世の賞賛を浴びたが、さまざまな理由から討ち入りに加われなかった人々がいる。女性との深間に嵌《は》まって盟約を抜けた者。親兄弟や親類との板挟みに遭って脱盟した者。病気のため無念の脱落をした者。その理由はさまざまであるが、共通点はただ一つ、討ち入りの盟約から外れてしまったという消しがたい汚名である。

しかし、そのことによって彼らは同志に対して深い負い目を負い、世間からは「裏切り者」

「不忠者」と蔑まれ、後ろ指を指されて身の置き所がなくなってしまった。私たち日本人は赤穂浪士を賛美する一方、不幸にして討ち入りに加わることができなかった人たちを、まるで卑怯者でもあるかのように白い目で見てしまう誠に心ない悪弊を持っている。いったんは仇討ちの盟約に加わっていながら、途中で脱落した浪士たちには、それぞれ人には言えぬ苦しい事情があったことを忘れてはならない。

脱落浪士たちが背負い込んだ事情は、非常に人間的なものであり、現代人が共感できるものである。

これまでのところ、昭和二十九年、松竹、大曽根辰夫監督の『忠臣蔵』が、不幸にして討ち入りに加わることができなかった脱落浪士・毛利小平太（鶴田浩二）を大きく取り上げ、赤穂浪士と同等の比重で描いていたのが記憶に残る。

また、昭和五十三年、東映、深作欣二監督の『赤穂城断絶』では、貧困と自虐の果てに自決する脱落浪士・橋本平左衛門（近藤正臣）の破滅の人生を熱い共感を込めて描いていたのが忘れられない。

が、『忠臣蔵』の毛利小平太については「第二章　戦後の忠臣蔵映画全盛時代」で、そして『赤穂城断絶』の橋本平左衛門については「第三章　空白の時代の忠臣蔵映画」で、すでに詳しく論じたので、ここではあえて繰り返さない。

ただ、そこに描かれていたものは、度重なる討ち入りの延期により意気阻喪し、無力感に蝕まれていく浪士たちの心であった。加えて生活の窮乏が浪士たちに追い打ちをかけた。せめて、討ち入りがあとひと月、あと半月早ければ脱落せずに済んだ人たちもいた。まさに痛恨の脱落である。それほど彼らは精神的に追い込まれ、生活にも窮していたのである。

脱落浪士たちへの理解は、忠臣蔵映画に新しい展開をもたらすような気がする。が、多くの映画ではまだまだ赤穂浪士を〈正〉とし、脱落浪士を〈負〉とする、旧態依然とした、いわゆる赤穂浪士史観が抜けないのが実情である。

私自身、慣例に従って脱落浪士という言葉を使ってきたが、本来はそう呼ぶべきではない。

討ち入り——〈雪〉と〈死〉の美学

忠臣蔵映画の感動とは、あの討ち入り場面の興奮以外のなにものでもない。暁闇《ぎょうあん》の寒中を、お揃いの討ち入り装束に身を固め、雪を蹴って吉良邸へと殺到する赤穂浪士たち。きりりと結ばれた白鉢巻《しろはちまき》に白襷《しろだすき》。大石内蔵助の采配一下、邸内に乱入する浪士たち。

「ドン、ドン、ドン、ドン……、ドン、ドン、ドン……」

そして内蔵助が打ち鳴らす山鹿流の陣太鼓。

屋敷内では吉良家の小林平八郎か清水一学が、時ならぬ陣太鼓の音にガバッと跳ね起きて、「すわこそ……」と押っ取り刀で、赤穂浪士を迎え撃つ。そして雪の降りしきる庭や、廊下や、

雪降る中の討ち入り。昭和34年、東映『忠臣蔵』。中央は大石内蔵助役の片岡千恵蔵

部屋の中で、たちまち赤穂浪士と吉良家の家臣たちとの大乱闘が繰り広げられる。

赤穂浪士の討ち入りは、なぜ日本人の心を奮い立たせるのか。

それは忠臣蔵という物語構造に大きく関連している。

およそ忠臣蔵の物語は、暗く沈んだ〈負〉の出来事の連続である。

浅野内匠頭の刃傷事件、内匠頭の切腹、浅野家の断絶と、忠臣蔵映画は一連の〈負〉の出来事によって開幕する。そして城を明け渡しての赤穂退散も、内蔵助の遊蕩や山科妻子の別れも、すべて〈負〉の物語である。赤穂浪士それぞれの艱難辛苦の物語も、脱落浪士たちの悲劇も、なべて〈負〉の出来事である。一つとして、プラスの方向へ向かう物語などない。

その延々と続く〈負〉の物語の果てに、最後に一つだけ、討ち入りという、パッと晴れやかな場面がやってくる。これが忠臣蔵映画の構造であり、この場面に日本人が思わず快哉《かいさい》を叫ぶ由縁《ゆえん》でもある。

暗く、沈んだ物語が続けば続くほど、最後に行われる討ち入りの場面の勇壮な華やかさが引き立つ趣向になっている。

これこそ忠臣蔵映画が百年の長きにわたって日本人の心を捉え続けてきた秘密である。

赤穂浪士の討ち入り場面は、〈雪〉と〈死〉の美学によって象徴される。長い艱難辛苦の末、赤穂浪士たちが吉良邸へと殺到するときは、必ず、夜来の雪がしんしんと降りしきっている。

そして、翌日の朝まだき、仇討ち本懐を遂げた赤穂浪士たちが、吉良邸から泉岳寺へと引き揚げて行く沿道の道筋には、必ず、前日来降り積もった真っ白な雪が一面に眩しく照り映えている。

これこそ討ち入り場面の存立条件であると言ってよい。雪は討ち入りという殺伐とした暴力行動を浄化する不可欠の舞台装置である。

もう一つ。赤穂浪士の討ち入りが日本人の心を打つのは、討ち入りをする当の赤穂浪士たちの死がすでに確定しているからである。死というまっさらで、絶対的な未来がすでに決定しているからである。赤穂浪士の死が必至のものでなければ、彼らの討ち入りシーンが、これほど感動的なものとして感じられることは、まず、ないだろう。くどいようだが、赤穂浪士の討ち入りシーンの感動とは、討ち入り後、彼らもまた幕府の命令により切腹させられたという歴史的事実によって支えられたものなのだ。

日本人のアイデンティティー

以上が最も典型的な忠臣蔵映画の骨子であるが、典型的であるがゆえに、その中にこそ、長い間語り継がれてきた忠臣蔵物語の本質があると考えられる。

忠臣蔵映画の体験とは、私たち日本人が自分の無意識と出会うということではないだろうか。忠臣蔵映画が表向き描いているものは、言うまでもなく江戸時代における忠義とか仇討ちとか武士道といった世界であって、そのままでは到底、現代人の嗜好に見合う内容ではない。現代の日本人は、忠臣蔵が描く世界とは無縁な、合理的で、数量計算された世界に住んでいる。そこに忠臣蔵のような不合理で古めかしい物語が入り込んでくる余地は全くないと言ってもよい。

にもかかわらず、忠臣蔵映画やテレビドラマが、時として私たち日本人の心を動かすのはなぜか。それは忠臣蔵映画やドラマが、私たち日本人の無意識の部分を揺り動かすからである。日本人の心の底に眠っている、ある種の美意識や精神性を呼び覚ますからである。

その意味では、忠臣蔵映画に描かれているものは、良くも悪くも日本人の証明である。江戸時代から、明治、大正、昭和、平成と、実に三百年以上の長きにわたって受け継がれてきた日本人の魂の記録であると言ってもよい。

浅野内匠頭の刃傷事件は、未成熟で典型的な日本人男性が犯してしまう過ちの象徴であり、取り返しのつかない悲劇の象徴でもある。そして赤穂浪士の討ち入りは、人間が行う雪辱行為の象徴として、いまなお私たち日本人の心を鼓舞し、奮い立たせるものを持っている。

忠臣蔵映画は、歴史的、社会的に蓄積されてきた日本人の名づけようのない情動を映像に定着することによって、大衆の共感を呼び、喝采を浴びてきた。

なぜ日本人が忠臣蔵映画を好むのかと言えば、それは私たち日本人がそこに自身のアイデンティティーを見出すからにほかならない。そこに精神の居場所を見出すからにほかならない。形を変え、装いを変えて、忠臣蔵映画やテレビドラマが作られ続ける理由もまた、そこにあると考えられる。

人生の第一関門——あとがきに代えて

本書は、弘前市の「陸奥新報」に二〇一四年九月から二〇一五年六月までの十か月にわたって連載された「忠臣蔵映画の深層心理」に、大幅な加筆を施して改題、再構成したものである。

忠臣蔵映画は、それこそ幼年時代からずっと見続けてきたので、自分にとって特別な思い入れのあるものだった。自分が忠臣蔵映画に魅かれるのはなぜなのか。自分にとって、いや、日本人にとって忠臣蔵映画とは一体、なんなのか。そもそも忠臣蔵映画は、日本人の何を描いているのか。

まずそれを明らかにしないことには、一歩も先に進めない、という気持ちが非常に強かった。いわば忠臣蔵映画論は、私にとっては〝人生の第一関門〟であり、いつかは、一度はかいくぐらなければならない関門だった。

私が忠臣蔵映画にこだわったのは、本文にも書いたが、そこに日本人の美意識と精神性が最も顕著なかたちで表れていると思ったからである。あるいは、日本人というものを丸ごと集約したもの、それが忠臣蔵映画であるとも言える。

新聞の連載中は多くの読者から、手紙や葉書、電話やメールを頂戴した。特に香川県の経済雑誌『かがわ経済レポート』の中西稔氏からは、ほぼ全回にわたって、熱烈な賛辞と激励をいただき、暗中模索の孤独な執筆者としては、どれほど勇気づけられたかしれない。

寝ても覚めても忠臣蔵の毎日であったが、終わってみれば、それこそあっと言う間の十か月であった。いま思えばそれは、私にとっては念願の著作に没頭することができた最も幸福な日々であったのかもしれない。

連載中は同紙文化部記者の工藤美賀子氏に大変、お世話になった。執筆に際しては、映画サークル「絵夢人《えむじん》倶楽部」の吉田一雄、越前貞久の両氏から多くの資料提供を受けた。殊に越前氏からは掲載紙が発行されるごとに、微に入り細を穿《うが》った感想を述べていただき、大いに執筆のヒントにもなった。

そして森話社の大石良則社長のご好意により、同社からの再度の出版が実現した。

多くの方々のご協力により、本書は誕生した。皆様には心からお礼を申し上げたい。

考えてみれば、前著『剣光一閃《けんこういっせん》――戦後時代劇映画の輝き』も、それに続く本書も、期せずして同じ新聞に連載され、同じ出版社から上梓されるという経路をたどった。二冊続けての奇縁であり、両社には感謝のほかはない。

小松　宰

＊映画の製作会社名は、本文中は公開当時のままにしてある。

[著者]
小松　宰（こまつ　おさむ）
映画評論家。日本映画ペンクラブ会員。新聞や雑誌に映画評論を多数発表。近年は時代劇映画の研究に専念。忠臣蔵研究家としての忠臣蔵講演をはじめ、織田信長、坂本龍馬、源義経などの歴史講演も数多く行っている。
著書『怪談　鳳鳴の七不思議』路上社
『剣光一閃——戦後時代劇映画の輝き』森話社
現住所　〒017-0871 秋田県大館市片山字八坂 24-11
メールアドレス cttjy721@ybb.ne.jp

忠臣蔵映画と日本人——〈雪〉と〈桜〉の美学

発行日……………………………2015年11月18日・初版第1刷発行

著者………………………………小松　宰
発行者……………………………大石良則
発行所……………………………株式会社森話社
〒101-0064 東京都千代田区猿楽町 1-2-3
Tel 03-3292-2636
Fax 03-3292-2638
振替 00130-2-149068
印刷………………………………株式会社厚徳社
製本………………………………榎本製本株式会社

ISBN 978-4-86405-084-5 C0074